金沢学院大学特任教授
高　賢一　著

思春期の子どもとどう接するか

大切な親子コミュニケーション

まえがき

私は、公立中学校に7年間、公立高校に20年間在職し、長らく学校教育相談活動に関わってきました。現在は、大学教員として「教職論」や「教育相談論」などの教職課程の授業を担当する一方、これまで学生相談室の専任カウンセラーとして、学生や保護者のカウンセリングに取り組んできました。

また、地域貢献の一環として、公立中学校や公立高校のスクールカウンセラーとして、子どもたちや保護者、教職員を支援しております。加えて、不登校と向き合う親の学習会（やすらぎの会）のアドバイザーとして、不登校の子どもたちや保護者を支援しています。

これまでの長い教員生活などを振り返ってみますと、教育相談活動一筋に取り組んで来ましたことを実感しております。

大学学生相談室の専任カウンセラーとして、また公立中学校・公立高校のスクールカウンセラーとして私自身学ぶことが多かったのはもちろんですが、不登校と向き合う親の学習会ではそれにも増して、親子のあり方や教育の役割について多くのことを学ぶことができました。

長年の経験をもとに、平成29年9月、北國新聞出版局より『不登校を乗り越えるために』という書籍を出版させていただきました。不登校のお子さんや親御さんの視点に立って、不登校を乗り越えるための具体策を提案しました。「読みやすい」「すぐに役に立つ」「不登校の子どもを抱える親として多くの勇気と感動をもらった」「子どもを見る視点が広がった」「もっと早く読みたかった」など、たくさんのコメントを頂戴しました。

さらに平成31年4月より、北國新聞朝刊文化面で『高賢一の実践親子塾』を連載させていただいていますが、これも好評で大勢の方から励ましのお言葉を戴いております。この連載は、思春期のお子さんとどのように向き合っていったらよいのか、親子のより良いコミュニケーションのあり方を模索するものです。令和2年3月現在で、47回目を迎え現在も継続しています。

本書はこうした連載記事を整理して再編集したものです。親としてどういう点に気をつけて思春期の子どもと接すればよいのかを、まず思春期の子どもの特徴を把握し（第1章）、どういう言葉かけが子どもを前向きにさせるか（第2章）、反対にどんなことが子どもを傷つけスポイルするか（第3章）、それぞれ実例を示して説明します。そして最後に、子どもが一人前の大人として自立してゆけるために必要な能力と、それを身につけるために親ができることは何かを提示します（第4章）。本書を参考にして頂き、親子のコミュニケーションをより円滑にして親子の絆を深めていただければ幸いです。

世の中がめまぐるしく変化し、人々の価値観や子育ても多様化していますが、いつの時代でも変わらないのは親子の愛情であると信じています。残念ながら、児童虐待や親子のトラブルなどが後を絶たない状況で、このような問題が少しでも減ることを願うばかりですが、本書が何らかの形でお役に立てればと願っております。

親子であれば、肉親のつながりがあれば、言葉がなくても、あるいは言葉を越えて伝わるものがあるとお考えの方もいらっしゃるかもしれませんが、親子の間であっても言葉は非常に大切です。言葉一つでその人の人生が大きく変わることがあります。まさに言葉は魂のこもった言霊（ことだま）であることを痛感いたします。

令和2年（2020）3月

高　賢一

目　次

第3章　親が思春期の子どもにしてしまうこと

第1章

思春期の子どもの特徴

思春期における親子のコミュニケーションを考える時に、思春期の子どもの特徴をとらえておく必要があります。思春期に入る前と同じように子どもと関わったところ、意外な反応が返ってきてパニックになってしまった、という親御さんもいらっしゃいます。

それまで素直で礼儀正しかったお子さんが、ある時期を境にして急に反発したり、暴言を吐いたりなど、親にしたら何が起こったのかさっぱり理解できないのです。そんな時に、**思春期の子どもの特徴などを知っていると、その対応が大きく違ってくるはずです。**

特徴〈1〉親からの自立と依存が葛藤している

思春期は、子どもから大人になる準備期間です。体は急激に大人へと向かうものの、心はその成長に追いつけないアンバランスな時期でもあります。まさに大人と子どもの中間である思春期の子どもは、自立を強く求める気持ちとともに、まだまだ親に依存しなければ生きられないという現実との狭間《はざま》で葛藤《かっとう》しています。したがって、思春期に入ると、何かにつけて不機嫌になったり、反抗的で扱いにくくなったりするのもこの時期です。

外では目いっぱい気を遣《つか》っているのに、家では口をきかなくなったり、親を批判したりすることもあります。親を一人の人間として見るようになり、父親をうとましく感じたり、母親の女性としての生き方に反感を持ったりします。**「大人として認められたい」という思いと、親に依存しなければまだ生きていけない立場や無力感の狭間で、心は常に葛藤しています。**親としても、扱いにくい子どもにどう対応していくのか思い悩むところです。

中1の女子、学校のことを話さない

中学1年生になったばかりの女の子のお母さんから、**「最近、学校のことを話してくれない」**と相談を受けたことがあります。新学期早々のことだと、余計に心配になりますよね。

お母さんによると、女の子は責任感が強く、明るい子だそうです。小学校の時は、何でも話してくれました。でも、今は親との会話を避けているようです。不安になったお母さんは、「学校で何かあったの?もしかして誰かにいじめられているの?」と、しつこく問い詰めてしまいました。すると、**女の子はお母さんをじろりと睨《にら》み、問いかけを無視**したそうです。

これまでになかった反応に、お母さんは強い不安と焦りを感じていました。でも、少しだけ冷静に考えてみましょう。思春期に加え、家でも学校でも申し分のない「良い子」ならば、何か問題が発生した時、「親に心配かけたくない」「自分で解決しなくては」と考えてしまってもおかしくありません。問い詰めてしまうと、余計に出口のない迷路に追い込んでしまうことになってしまいそうですね。

気が付かないふりも一つの手

そういう時は、「気が付かないふり」をしてあげるのも一つの手ではないでしょうか。全く知らないふりをする、というわけではありません。**子どもの様子をよく観察しながら、家では安心できるように「いつも通り」にしてあげるということです。**たとえ学校で嫌なことがあっても、家には変わらない日常があると分かっていれば、ほっとできますよね。

親からの揺るぎない信頼を伝えることは、とても大切なことだと思います。たとえば、**「この半年、ずいぶんと成長しているね。嬉しいなあ。学校で何か困ったことがあれば相談に乗るからね」**という切り口で会話をするのはいかがですか。成長を認められていると感じると、子どもは「今の自分で大丈夫」と自信を持てるはずです。

今回のケースでは、お母さんが信頼を態度や言葉で表し、家では無理に話を聞きださないようにしてから、女の子は少しずつ落ち着いていきました。そして、「今日、クラスの子がね…」「授業のスピードが速くて…」など、そっとお母さんに打ち明けてくれるようになったそうです。

思春期の子どもは、「親から自立したいけど、まだ甘えたい」という複雑な心境を抱えています。したがって、**子どもから頼ってきた時にこそ、すかさず支えてあげられるように**、子どもからのサインを見逃さないことも大切です。近すぎず遠すぎず、ちょうど良い距離で見守り、子どもの「良い応援団」になれるとステキですね。

「自立したい、でも甘えたい」時期、サインに注意

一人息子が母親の私を避けるように

思春期の男の子の特徴と対応について考えてみたいと思います。ある母親から、「小学校までは、私にベタベタしていた**一人息子が、中学校に入ってから私を避けるようになりました**。あんなに可愛かった息子は、どこに行ってしまったでしょうか。分かってはいるけど、何だか寂しくてたまりません」と、嘆きみたいな質問がありました。

思春期の子育てを終えた親御さんならば、懐かしい話だと思い出されたかもしれま

せんね。私は、**「お母さん、おめでとうございます。息子さんは、順調に思春期を迎えていますよ。**思春期に入ると、親から自立したい気持ちと甘えたい気持ちで混乱したり、不安定になったりします。その結果、自然と親を避けるようになるんですよ」と答えました。

それでも、今一つ理解できない様子でした。これまでと同じように子どもに接したにもかかわらず、**「うるさい、黙れ！」**と、すごい形相《ぎょうそう》で母親を睨みつけました。すると母親も、「それが親に向かって言う言葉？謝りなさい！」などと黙っていません。プライドの高い親御さんほど、同じ土俵で子どもとバトルをしがちです。

一方、**思春期の経験者である父親は、「俺もあんなことがあったなあ。懐かしいなあ」と、冷静に息子を見ることができます。**そして、母親の逆ギレを説得して止めようとしますが、今度は、その怒りを父親に向けてきます。ところが、反抗期を経験しなかった父親は、一連の子どもの言動を許すことができず、母親と一緒になって子どもを攻撃します。最悪のシナリオです。子どもは、「一番理解してくれるはずの親も全く理解してくれない。誰も信じられない」と自暴自棄《じぼうじき》になります。

子育てをやり直す最後のチャンスにも

男の子が思春期に入ると、親はその不安定な感情や反抗的な言動にふり回されます。

思春期の男の子の一般的な特徴として、▽体の急激な変化に心が追いついていけない、▽性への興味と罪悪感に葛藤《かっとう》している、▽子どもから大人への過渡期《かとき》に位置し、自立と依存が葛藤している、▽親と戦い、自分と戦いながら、自分らしさを模索《もさく》している、▽親から分離し、自立の準備を始めている、などがあげられます。

心も体も思うように制御できないために、感情が不安定で、親に反抗したと思ったら、甘えるそぶりを見せたりします。また、急に口を利かなくなったりするなど、親はこんな男の子に戸惑うばかりです。

男の子の思春期は、親にとっては子育ての最難関になるかもしれませんが、この時期こそ、子育てをやり直す最後のチャンスでもあるのです。

反抗したり甘えたり、親は戸惑うばかり

特徴〈2〉傷つき、傷つけられやすくなる

思春期の女の子の心は、まるでガラス細工のように繊細です。まだまだ自我が脆弱《ぜいじゃく》で、自分探しや自分づくりの真っ最中にいる思春期の女の子は、他人からどう見られているのかということに、とても敏感です。ささいなことで傷ついたり、自己肯定感の低さから、自分自身を知らず知らずのうちに傷つけてしまうこともよくあります。

さらには、世の中には思春期の女の子をターゲットにした犯罪などの危険がいっぱいです。何でも話してくれるというわけではなくなった娘をどう守るか、親としての大きな課題の一つになります。

学校をやめたいという高1の女の子

どんなに手を尽くしても、子ども同士のいじめは後を絶ちません。最近は、学校から帰ってきてもSNSでの悪口や仲間外れがあり、心が休まりません。そんな被害に

あっている子が、「学校をやめたい」と訴えることもあります。悩んでいる子どもを前に、親はどんな対応をしたらよいのでしょうか。

高校1年の女の子は、成績優秀で友達も多く、毎日楽しそうに通学していました。けれどもある日、女の子が帰宅早々、お母さんに「もう学校やめてしまいたい」と泣きながら訴えてきたのです。お母さんは、それはもう驚きました。やめたい理由を問うと、**「友達からハブられて（仲間外れにされて）つらい」**と言います。最初は仲良くしてくれていたのに、いつの間にグループから外されて、話もしてくれないということでした。

娘が泣きながら吐露《とろ》しているのですから、お母さんだって胸が痛みました。それでもわが子の将来を思えば、せっかく入った高校を退学することは勧められませんでした。そこで、「人間関係のトラブルなんてどこにでもあるよ。お母さんも高校時代はいじめられて辛かったけど、歯を食いしばって乗り越えたよ。あんたも頑張らんとだめやがいね」と叱咤《しった》したそうです。すると、女の子はお母さんをにらみ、「私はお母さんみたいに強くない。お母さんは、私の気持ちなんか分からない」と部屋に引きこもってしまいました。

子どもにとっては、「今、（他の誰でもない）自分が苦しい」のですよね。親の経験を例に、子を安心させてあげたい気持ちもよく分かります。ですが、厳しく励ますだけでは、子が苦しみへの理解が得られなかったと誤解し、心を閉じてしまうきっかけになるかもしれないのです。

まずは子どもに共感すること

まず、子どもに共感することが大切です。それから子どもが見失っている選択肢を示してあげると良いですね。例えば、「**そうか、学校をやめたいくらい辛《つら》いんだね。でも、今退学するのはあなたに後悔が残りそうで心配だなあ**」と、穏やかに声をかけてみるのはどうでしょうか。そして、「**何か改善策があるかもしれないから、一緒に考えてみよう**」**と提案してみるのです。ここで、子どもが「そんなの無駄や！」と言っても諦《あきら》めてはいけません。辛抱《しんぼう》強くいきましょう。**

この場合、先生と相談や調査を重ねたところ、成績が良く人当りもよい女の子の人気をねたんだ周囲の女の子たちからのいじめがあったことが分かりました。そして、いじめっ子への指導を進めたところ、何とか教室に復帰することができました。

親にとっては、自分自身が通ってきた道。現在、渦中《かちゅう》にいるわが子よりは、先を見通して冷静な判断ができるはずです。子どもの前には、退学だけでなく、学校との相談、別室登校などと、いくつもの道が広がっています。将来を左右する大きな選択を前にした我が子の隣に立ち、ずっと先にある明るい未来を示してあげたいですね。

道はいくつも。見失った選択肢を示してあげる

特徴〈3〉体の急激な変化に心が追いつけない

思春期に入ると、男の子は急激に背が伸び、陰毛や脇毛が生え始め、体毛やひげも濃くなり、たくましい体つきになっていきます。このような変化が起きるのは、小学校の高学年くらいから大量に分泌され始める男性ホルモンの影響です。その影響は体だけではなく、心にも及びます。具体的には、性格が攻撃的になり、情緒が不安定になります。一般的に、**思春期の男の子の心は、日々成長し変化していく自分の体に追いついていけず、混乱と不安を抱えています。**

一方、思春期の女の子は、男の子に比べ心も体も早熟であるため、早くからさまざまな問題を抱えがちです。女の子が思春期に入るのは、個人差はあるものの、だいたい10歳前後と言われています。その頃になると、体は丸みを帯び、脇毛や陰毛が生え始め、乳房も突起し始めます。

もちろん、これらの成長は個人差があるので、**同じクラスの女子同士でも成長の早**

い子や遅い子は、それぞれ羞恥心《しゅうちしん》や不安を抱えやすい傾向にあります。また、体の急激な変化による戸惑いだけではなく、ホルモンの影響で感情が不安定になり、ささいなことで怒ったり、泣いたりすることも増えます。

友達間の上下関係のストレス

思春期に入ると、それまで家族中心だった人間関係が、友達中心へと変わっていきます。その関係性も単純ではなく、目に見えない上下関係などで苦しむことがあります。特にいじめ問題や女子特有の小集団でのトラブルは、かなりのストレスになります。

人間関係のトラブルだけではなく、成績の順位づけも明確になっていきます。できる子とできない子の差は、クラスにおける立ち位置や自尊感情にも影響を及ぼします。この時期、とりわけ中学生では、男子が学年が上がるにつれて成績を伸ばすケースが多い一方、女子は勉強につまずくなど、自信を失いがちです。

体は成長するが弱い自我、自己肯定感低く

体はどんどん成長していくものの、まだまだ自我が弱く、自分づくりの真っ最中に

いる**思春期の女の子は、他人からどう見られているのかということに敏感です。**些細《ささい》なことで傷つき、自己肯定感が低くなりがちなことから、自分自身を傷つけてしまうこともあります。何でも話してくれるわけでもない娘をどう守るか、親としての大きな課題となります。

何かにつけて不機嫌になったり、反抗的になったりするのもこの時期です。外では目いっぱい気を使っているのに、家では口を利《き》かなくなったり、親を批判したりすることもあります。親を一人の人間として見るようになり、父親を疎《うと》ましく感じたり、母親の女性としての生き方に反感を持ったりすることもあります。

「大人として認められたい」という思いと、親に依存しなければ、まだ生きていけない立場や無力感を感じながら、心は常に葛藤しています。親として娘にどう対応していくか悩むところです。

何かにつけ不機嫌になり反抗的に

特徴〈4〉複雑な人間関係に悩む

友だち中心となる思春期の人間関係は決して単純なものではなく、目に見えない上下関係や心理戦が始まることになります。とくに、いじめ問題などでは、加害者と被害者が逆転するなど、子ども達は複雑な人間関係に悩みます。女子の小グループ内でのもめごとなどは、女子の戦場と化すことも多々あります。これらは、女の子にとってかなりのストレスとなります。

スクールカーストは大人社会の縮図

皆さんは、「スクールカースト」という言葉を見聞きされたことはありますか?学校での子どもたちの人気度や権力などを身分制度に見立てたものですが、とりわけ思春期の女の子にとっては深刻な問題となっています。自分がどの地位にいるかによって、立ち振る舞いが決まります。

例えば、花形の体育会系の部活に属している女の子のグループなどは、学年やクラスの中でも高い地位に属するようです。その一方、おとなしく地味な女の子たちのグループは、どちらかというと低い地位に属します。また、年齢層が上がってくると、流行に詳しく、街に遊びに行くようなグループの地位がかなり高くなります。大人から見ると馬鹿らしいように見えますが、スクールカーストは大人社会の縮図ともいえます。

全ての学校でスクールカーストがあるわけではありませんが、子どもが思春期になったら、「みんな仲良く」ではいられないことを知っておく必要があります。特に女子は小さなグループを作りやすく、そうしたグループ同士でもカーストがあります。**思春期の女の子にとってのグループは、共に戦い守り合う心の拠り所になっています。**

グループ内には五つの役割

そのグループからはじき出されることは、戦地で難民になるようなものです。まさに女子の世界は戦場みたいなものと言えるかもしれません。グループ内には、主に**五つの役割**があると言われます。まず、グループ内を恐怖と支配によって取りまとめている**「女王様」**がいます。
この女王様には、いわば側近のような**「お付きの者」**がいます。ひたすら女王様の信頼を勝ち取ることで、他の子たちに権力を振るうことができます。次に、女王様の機嫌を取ったり、使い走りなどをしたりする**「取り巻き」**がいます。さらに、どっちつかずの**「傍観者《ぼうかんしゃ》」**がいます。この傍観者は、他のグループとも付き合っていて、自由に出入りし、何かあると別のグループに転属する柔軟性があります。

「犠牲の子羊」になってしまうと

最も深刻なのは、第5の地位である**「犠牲《ぎせい》の子羊」**です。馬鹿にされたり、仲間外れにされたりして、他の子たちのストレスのはけ口にされます。この地位は、その時々によって変わります。側近や取り巻きや傍観者が犠牲の子羊になることもあります。

いったん犠牲の子羊になってしまうと、人を信用することが怖くなり、いつも人間関係に不安を抱えることになります。

親としては、自分の子どもがどのカーストに属しているのか、あるいは属していないのかを知っておく必要があります。その中で、子どもが抱えている悩みや苦しみに寄り添いながら、親が子どもと一緒に考える姿勢を大切にしていただけたら幸いです。

小グループのもめごとが女子の戦場になることも

特徴〈5〉
性の問題に困惑する

思春期に入ると、**体の成長に心の成長が追いついていけない**ことが起こります。第2次性徴の発達により、男の子は男性らしく、女の子は女性らしくなっていきますが、そこで直面するのは性の問題です。学校ではそれなりの性教育が行われますが、それでも不十分な部分もあります。**家庭での性教育は、思った以上に難しい面があります。**

高校2年男子と母親の会話です。「あんた、彼女まだできんがあ?」と聞くと、「うるさいなあ。母ちゃんが女子高校生やったら、俺と付き合いたいと思うか?」との返事。そしたら母親が、「なるほど!」と答えると、「なるほどじゃねーよ!」と怒ってしまいました。

母親は軽い気持ちで息子に聴いたつもりが、何ともはや、息子の皮肉な逆襲にあってしまいました。その一方で、女の子が息子の部屋に入り浸りで、母親がハラハラドキドキのケースもあります。

ネットの性情報には過激で歪んだものも

急激に体が変化していく思春期の男の子にとって、性の問題は避けては通れないものです。日本の学校での性教育は、世界レベルでは少し後れをとっていると言われます。そうなると、必然的に性の問題は家庭でフォローせざるを得ません。しかし、**なかなか家庭でフォローできていないのが現実です。**

女の子の場合は、同性の母親が、体の仕組みや性に関する知識を教えていくことができます。それに比べて**男子の場合は、正しい知識を持たないままに、思春期に突入しているケースも少なくありません。**

男の子の場合、友だちからの情報もありますが、ネットから得る情報も多く、中には、間違っているものや過激なもの、歪んだものもたくさんあり、このような情報に振り回されることが少なくありません。

現代では、ネットやアニメの世界の女の子にしか興味を持てなくなり、実世界の大人の女性とは怖くて付き合えない男性もいるとのことです。

また、母親の愛情過多、過保護や過干渉《かかんしょう》で育った男性は、精神的にも肉体的にも大人の男性になれず、恋人にも母親の役割を求めるようになります。一方、母親から虐待や育児放棄された場合も、女性に対して不信感や憎しみを持ち、ゆがんだ性衝動を持つこともあると言われます。

男の子には父親の役割が大きい

細かな性情報について母親が説明するのは大変だろうし、男の子も嫌がるかもしれませんね。できれば、**思春期の男の子の教育は父親に任せたいものです。**もしも父親があてにできない場合は、信頼できる身近な大人の男性に頼むのもいいかもしれません。そんな人がいない場合は、**性に関する良書を探し、それを読んでみたらといって渡すのも一つの方法**だと思われます。

また、現代では、LGBT（性的マイノリティ）の割合が高くなっていると言われています。子どもの頃から、生きにくさを抱えているLGBTの人が増えているのでしょうか？そんな人たちが、最も悩み苦しむ時期が思春期なのかもしれません。

思春期の男子の性の問題は、なかなか難しいところですが、対等な男女関係や正しい性の知識を持たせることは、とても大切です。今日のような情報氾濫《はんらん》の時代だからこそ、ネット情報に振り回されず、家庭における適切な性教育が必要だと思われます。

ネット任せでなく、正しい情報の提供を

第2章

親子のコミュニケーションを深めるために

「どうしてこんなこともできないの！」と、わが子を叱ったことはありませんか。子どもが問題にぶつかる前に守ってあげたいという一心で、ついついキツイ叱り方をしてしまうことはよくあることです。どんな言葉や態度で子どもに向き合えばよいのか、子育てには正解がないから悩んでしまいます。

この章では、読んだその日から実践できる、言葉かけの工夫をお伝えします。思春期の子どもの心は、卵の殻のようなもの。程よい力で支えてあげることが肝心です。そして温かくて肯定的な言葉のシャワーを降らせると、子どもは前向きになります。**子どもを叱るにも言葉一つで親子関係は大きく変わってしまうのです。**子どもの心をグッと動かす「言葉のマジック」を練習していきませんか。

言葉かけの工夫〈１〉
ワンフレーズ・ワンメッセージ

一口に子どもといっても、育ってきた環境や性格は千差万別《せんさばんべつ》。親に期待されていないと思い込んで無気力になった男の子がいました。文武両道で周囲からの期待に潰されそうな女の子もいました。**思春期の子どもの心は、卵の殻のようなものです。強く握り締めると割れてしまうし、反対に手を離すとどこかに転がっていってしまう。程よい力でそっと持ち、支えることが大切**ということはご存じのことと思います。

とはいえ、ここで叱ればよいやら褒《ほ》めればよいやら、はたまたそっとしておけばよいのやら…。例えばついつい親が言ってしまいがちな**「どうしてこんなこともできないの？」**という叱り方ですが、これはあまり効果がないかもしれませんね。親には「こうしてほしい」という考えがあるのですが、子どもの心には、そのことよりも、ただ**「責められた！」という傷や戸惑いだけしか残らないのです。親が何を伝えたいのか、子どもには理解できていない**のです。

温かで肯定的な言葉のシャワーを

わが子に何かを伝えたい時には、基本的に「ワンフレーズ・ワンメッセージ」で。**一言に込めるのは、単純に伝えたいこと、それ一つだけに**ということです。「ゲームばかりしていたらご飯はナシよ」よりも**「ゲーム以外のこともちゃんとしようね」**、「どうして言った通りにできないの」よりも**「お母さんが言ったことを思い出してごらん」**、こう言い換えてみたらどうでしょうか。

温かで肯定的な言葉のシャワーを降らせると、子どもは前向きになります。叱り方の言葉一つで親子関係が大きく変わります。次からは、私が出会ったケースを紹介しながら、子どもとどう接していけばよいのかを考えてみます。「なるほど、この子にはこんなふうに声をかければいいんだな」と、子育てのヒントにしてもらえれば幸いです。

責める言葉でなく、「こうしてほしい」考えだけ伝える

言葉かけの工夫〈2〉
実況をする、事実を伝える

言っても言っても子どもが親の言葉に聞く耳を持たない、そんなストレスで頭をかきむしりたくなることはありませんか。親の立場からすると、愛するわが子だからこそ心を鬼にして注意したり叱ったりするものです。突っぱねられ続けると、歯がゆく、腹立たしくなりますよね。そんな時に、試してもらいたい方法があります。

「楽しそうに遊んでいるねえ」

例えば、お子さんが帰宅してゲームをしている場面を想像して下さい。いつまでたっても宿題に取りかかる様子はありません。思わず「ゲームなんか止めて、ちゃんと勉強しなさい」と言いたくなりませんか。でも、それをぐっとこらえて、「**今日も楽しそうに遊んでいるねえ**」と言い換えてみます。おやつを食べ始めたら「**おいしそうに食べているね**」、少しでも勉強しはじめたら「ちゃんと勉強しているね」と伝えます。

ただし、言い方によっては嫌みに聞こえますから気をつけて下さいね。

何が変わったと思いますか？「命令形」の言葉を止め、「現在進行形」で子どもの行動を肯定するように話しかけたのです。一見、**ただ子どものすることを実況しているだけ**のように見えますが、こうすることで「あなたをちゃんと見ているよ」と、**親から子どもへの「承認の気持ち」を伝えることができる**のです。

子どもにしてみれば、命令形は「自分の現状を否定する言葉」になり、反発したい気持ちがムクムク湧いてきます。そして、言っても言っても聞かないという状態になり、親もイライラするという負のスパイラルに陥ってしまうのです。

「今7時だね」、事実を淡々と

もう一つの方法は、客観的な事実だけを伝える「フィードバック法」です。例えば、行動が遅い子どもに「早くしなさい」と言い続けても、かえって緊張したり自信を失ったりして、うまくいきませんね。それを「今7時だね」「昨日より5分早くなっているよ」「20分でできたね」などと、**事実を淡々と伝えるにとどめます。そうすると、親の言葉から自分のペース配分をつかみ、上手に先回りした行動をとれようになっていく**子

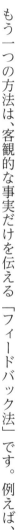

もいます。

「ああしなさい、こうしなさい」と言うことは、推理小説の答えを先回りして種明かしをしているようなものではないでしょうか。そんなことをされたら、がっかりしてその先を読む気がなくなりますよね。**命令形の言葉は反発心を招くだけでなく、せっかく自分で考えて行動できるチャンスをなくしてしまう**ように思います。わが子にガミガミ言うのは、親としてはとっても疲れることです。少し冷静になって、少し引いた位置から子どもへヒントを出すように言葉をかけてみるのはいかがですか。ゆっくりでも大丈夫ですよ。

「〇〇しなさい」は、子どもの現状を否定する言葉

言葉かけの工夫〈3〉
肯定質問＋未来質問

「どうしてできないの？」という質問の仕方は、相手を責めるニュアンスを含んでいます。責められて前向きになれる人は、大人でもあまりいないですよね。できれば子ども達には無理やりではなく、自分から積極的に物事に取り組んでほしいところです。親としてどんな言葉のかけ方をすればよいか考えてみましょう。

中学1年生の男の子のお母さんは、毎朝寝坊してくる息子に「どうしてもっと早く起きられないの？」といつも注意していました。どれだけ言っても、のれんに腕押し状態に困り果てていたのだそうです。苦労して叩き起こしたところで、息子はふくれっ面です。これでは親子ともにいいことなしです。そこで、今までとは違う言い方を試すことになりました。

「次はどうすればいい？」

ある朝、またしても男の子がベッドでぐずぐずしているところに、お母さんは「**〇〇くん、どうすれば早く起きられるかなあ？**」と尋ねてみました。すると、次の日からいつもより早く自力で起きてきて、学校へ行く準備をし始めたのだそうです。どうして質問一つですぐに態度が変わったのでしょうか。不思議なことですよね。男の子に訳を聞いてみると、「同じ注意ばかりで、いつの間にか聞き逃していた」と答えました。そんな時、どうしたらいいかと聞かれて「このままじゃヤバイ！自分で何とかしないと」と思ったそうです。

「**そうだったんだね。次はどうすればうまくいくかなあ？**」**というような「肯定質問＋未来質問」の話し方はとても効果的です。**子どもを認めたうえで、これからの話をすることで、子どもの視線は自然と前を向くのです。親にしてみれば、「なぜ失敗したのか」を考えさせて、次は同じような失敗をしないようにさせたい考えがあると思います。そのために過去のことを考えさせるか、未来のことを考えさせるかで、子どもの心情は全く異なるはずです。

やる気を失っていた子どもが

このような話し方は、カウンセリングの現場でも用いられます。落ち込んでいたり、やる気を失ったりしている子どもたちが、急に具体的な行動について語り始めることも、今までに何度もありました。**子どもの行動を変えたいと願う時は、いら立ちのまま叱りたい自分をそっと抑えて、まず自分の話し方を変えてみる**と、何かが変わるかもしれません。

私たち親は、意外にも「どうしてできないの？どうしてできなかったの？」など、「否定質問＋過去質問」で子どもに問いかけることが少なくありません。自分からやる気にしてあげるために、**子どもの現状を認め、未来に向けてどうしていったらいいのか一緒に考える**スタンスでいたいものです。この方法、ぜひ試してみて下さいね。

親は、まず自分の話し方を変えてみる

言葉かけの工夫〈4〉内容と態度がバラバラだと…

「お母さん、怒らないから、本当のことを言いなさい！」

こんなセリフ、聞き覚えがありませんか。子どもが、その場しのぎの嘘をついたり、言い訳したりした場面で、もしかしたら口にすることもあるかもしれませんね。実際に自分が言われたら、「いやいや絶対に怒るでしょ」と思いますよね。これは、言葉と態度が矛盾しているから理不尽に感じるのです。前回まで、「言葉を選ぶこと」の大切さをお話ししてきましたが、実は**「どうやって伝えるか」も非常に重要**なことなのです。

ある小学生の男の子が、お母さんに「このおやつ食べてもいい？」と聞きました。その時、たまたま虫の居所が悪かったお母さんは、「食べれば！」と、ぶっきらぼうに答えたそうです。男の子は、眉《まゆ》のつり上がったお母さんの顔をそっとうかがい、黙っておやつから手を離しました。言葉通りならば、お母さんはおやつを食べることを許可しています。でも、不機嫌でつっけんどんな言い方で許可されると、「本当はダメなの？」「言うとおりにしたら怒られるのかなあ」と混乱してしまいますよね。

言われた内容より態度に敏感

子どもは「何を言われているのか」よりも、「どうやって言われているのか」に敏感です。怒られているという事実に気を取られて、何を言われているかは覚えていなかったなんてこともよくありますよね。だけど、相手の表情や声音は頭に残っています。その心理を上手に活用すれば、より一層子どもに言葉を響かせることができると思います。

一方で、言葉と態度がバラバラの状態で話すことが重なると、どうなるでしょう。子どもは、だんだんと**「言ってるだけなんでしょ！」と言葉を信じなくなり、**人の顔色ばかり観察するようになってしまいます。顔色や態度を気にするあまり、**肝心の言葉が力を失ってしまう**のです。

わが子が不登校になったり、いじめにあったりして死にたいと考えるようになった時、言葉というのは、親から子どもに手渡す命綱になりえます。けれども、言葉を信

じていない子どもにどれだけ愛情を伝えても、それは切れ目だらけの紐を一方的に投げているだけになってしまうのです。

言葉と態度の整合性保ち、「言葉の力」を貯金

タイミングが悪く話しかけてきた子どもに、いら立つこともあります。もたもた話されたり、黙り込まれたりしたら、抑えきれない感情を態度に出してしまうこともありますよね。けれど、子ども自身がかけられる言葉を疑わずにいられるように、可能な限り言葉と態度の整合性を保つべきではないでしょうか。

まずは、**怒っている時は怒っている態度、許可している時は怒らないことを心掛けてみましょう。**わが子にとって本当に必要な時、子どもを支えられるように、普段から話し方、声音、表情に気を付け、「言葉の力」を貯金していきたいものですね。

言葉が信じられなくなると、肝心な時に役に立たない

言葉かけの工夫〈5〉「じゃあ、どうする?」

子育てにはとかく時間の余裕がありません。親が早く出かけたい時に限って子どもが起きてこなかったり、のんびり食事をしていたり。思わず「早くしなさい」とせかし、手助けするなんてこともありますよね。でも、そんなことばかりだと子どもに考えることをサボる癖ができそうで心配です。皆さんは、どうしたらいいと思いますか?

レストランでの一場面

レストランで食事をしていた時のことです。私の隣には、小学校低学年くらいの男の子とお母さんが座っていました。親子でおそろいのランチが運ばれてくると、男の子はうれしそうに食べ始めました。「あっ」。小さな悲鳴に振り向くと、運悪く**男の子がテーブルの上に食べ物を落とし、弾みでスプーンも床に落としてしまっていました。**

これは、お母さんの雷が落ちるぞと内心思いました。「何しとるげんて!だからいつも言っとるやろ」という怒鳴り声が店内に響き、お母さんが落ちた食べ物とスプーンを片付けるのだろうなと予想したのです。ところが、私の予想を大きく覆す展開になりました。

「拡大質問」で子どもの考えを聞く

「○○、どうしたの？」とお母さんの声が聞こえました。しゅんとして「落としちゃった」と答える男の子に、お母さんは**「そっか、じゃあどうする？」**と問いかけるではありませんか。これは驚きました。無意識かもしれませんが、このお母さんは**子どもの考えを引き出す「拡大質問」をしていた**のです。

拡大質問は、「どうしたの？」などという尋ね方なので、答える方は「はい」か「いいえ」で終わらせることができません。子どもの本音を聞き出したい時に役立つ話し方です。お母さんは拡大質問をすることで、まず男の子の考えを聞こうとしたのですね。男の子は少し考えた後、ウェートレスさんのところへ行き、「すみません、落としちゃったので代えて下さい」とお願いしたのです。他人ごとながらびっくりするやら感動するやらで、男の子を抱きしめたくなりました。

さらに驚きなのが、お母さんは戻ってきた男の子に、**「よかったね。これからどうするの？」と、拡大質問**をしたことです。「落とさないように食べるよ」と答えた男の子に、「それならお母さんも安心だなあ」と微笑みかけました。自分で行動させ、最後にエールも送る。なんとステキなお母さんでしょうか。普通なら、親は落とした子どもを責めて、店員さんに謝罪するパターンが多いのではないでしょうか。

失敗した時こそチャンス

子どもの年齢によっても対応方法は異なりますが、**わが子が失敗したり困っている時こそ、自力で問題解決をさせる絶好の機会**です。子どもの失敗を見て「ほらみなさい」と手を出しそうな時、一度深呼吸して「チャンスだ！」と心で唱え、拡大質問をしてみましょう。ほんの少しで大丈夫。**わが子が、自分の足で未来に向かって歩いていけるよう、**時間をかけてあげて下さい。

自分で考えて歩めるように、ちょっとの時間をかけて

言葉かけの工夫〈6〉叱り方にもコツがある

親子のコミュニケーションにおいて言葉のかけ方はとても大切ですが、どういう話し方、口調、言葉選びで伝えるかによって、子どもの受け取り方は大きく変わります。反発を受けやすい叱る場面でも、言葉の使い方次第では、いたずらに心を傷つけることなく、子どものやる気を引き出すことができます。

マイナスの暗示かける「ダメ」「ない」

渡された成績表を見て、**「こんな成績じゃダメでしょ。いい学校に入れないわよ」**と、こんなセリフで子どもを叱ったことはありませんか。もしかしたら心当たりがあるかもしれませんね。実は、このセリフには「ダメ」「ない」という否定形が二つも含まれているのです。**否定に否定を重ねるこの叱り方だと、子どもに「マイナスの暗示」をかけてしまいます。**

「マイナスの暗示」とは、話した相手に**「自分は否定され、責められている」と感じさせる**ことです。感情的に話すと、ついついやってしまいがちなことですよね。例えば、「ちゃんと食べないと大きくなれないよ」「もっと勉強しないと合格できないよ」という言葉かけも、「マイナスの暗示」をかけてしまうかもしれませんね。

では、**この表現をすべて肯定的に変えてみましょう。「しっかり食べたら、もっと大きくなれるよ」とか、「勉強を続けたら、きっと合格できるよ」**でしょうか。子どもの立場になって考えると、こんな言葉なら叱られても「自分を心配しているんだ」とホッとしますよね。少しのことですが、こうした**肯定的な言葉の積み重ねが、子どもの心に自分自身を認める「自己肯定感」を根づかせています。**

「どうして」は相手を責める言葉

子どもたちと面談していて、よく聞くことの一つに「親から責められている気がして腹が立つ」ということです。聞いてみると、みんな決まって「そんなことをしたらダメ、**どうしてそんなことをするの**」と怒られたそうです。問われた子どもは、黙り込むか、反発するか。どちらにせよ、「行動の理由を聞き、いさめたい」という親の思いがまっすぐ伝わることはないでしょう。「**どうして」は疑問形の言い方ではありますが、相手を責める言葉なのです。**

何か叱ることが出てきた場合、まずは子どもの言い分を受け入れてみて下さい。それから「そうか、そう思うんだね。じゃあ、そう思う理由は何かなあ？」と聞いてみましょう。中立の立場だと示し、理性的に話すことが大切です。こうすると、不思議なくらい子どもは本音を話してくれますよ。

子どもの成績が悪くなったり、反抗期になったり、親の心配は尽きません。厳しい現実を見せなければならないこともあります。叱ると、親の心だって痛みます。だからこそ、子どもへの理解を示すことと、叱っている意図を的確に伝える話し方が大切です。

叱る場合は肯定的に、そして子の言い分受け入れて

言葉かけの工夫〈7〉

言葉による虐待をしていないか

親からの虐待で死に至る子どものニュースが後を絶ちません。幼い子どもにとって、「世界の全て」と言ってもよい存在である親から暴力を振るわれる。それだけでも命の危険がありますが、**言葉の暴力という残酷な虐待もあります。**子どもの人格や存在を否定する「心理的虐待」です。最終的に子どもに幻覚や幻聴の症状が現れる統合失調症と診断されることもあります。

父親が「お前は人間のクズだな」

この虐待が恐ろしいのは、「親に虐待の意図《いと》がない」という場合があることです。

以前、中学3年生の女の子から深刻な相談を受けたことがあります。彼女は受験生ということもあり、まじめに勉強していましたが、成績が思うように伸びず、**父親からは「お前は人間のクズだな」と冷たく言い捨てられ、母親からは「そんな子は私の子**

じゃない」と毎日無視されると言います。自分なりに努力しても結果が伴わず、理由が分からなくて焦り悩んでいました。母に話しかけようとしても会話を拒否されました。世界でたった独りぼっちになったような気持ちだったのではないでしょうか。

この女の子は、「私は、この世に必要のない人間かもしれない」とうつろな顔で声を絞り出しました。逃げ場のない家庭環境が身体的にも負担となり、女の子は、毎夜誰かに追いかけられる夢を見ては跳び起き、睡眠不足になっているようでした。ここまでくると、もはや猶予がありません。このままにしていれば、心を病み、最悪の場合、自殺してしまう可能性もあったのです。

ロールプレイで両親に娘の辛さ考えさせ

スクールカウンセラーの私は、すぐに担任に間に入ってもらい、両親と面談することになりました。最初、女の子の両親は、いくら不眠や悪夢、女の子の本音を説明しても、「それは娘の甘え」「外部の人がごちゃごちゃ言わないでほしい」と、機嫌悪そうにしていました。

そこで私は、「ご自身が、親からこんなことを言われてどう感じますか。こんなに追い詰められて助けを求めているのに、これが嘘だと思いますか？」と伝えました。

一度立場を変えて、女の子の気持ちになって考えてほしかったのです。**私が父親・母親役、両親には娘役になってもらい、私から「お前は人間のクズだな」「そんな子は私の子じゃない」と罵声《ばせい》を浴びせました。**両親は私の話を聞いた後、長い沈黙が続きました。ようやく心痛な表情で「あの子は我慢強くて負けず嫌いだから、強いプレッシャーを掛け過ぎました。**なんとひどいことを言ってしまったのでしょうか」と、二人とも号泣してしまいました。**ロールプレイ（役割演技）と長い沈黙は、まさに効果絶大でした。

激励のつもりが心理的な虐待に

一生懸命に子育てをしている自負があるからこそ、自分たちが心理的虐待をしているとは思いもしなかったのでしょう。けれども、わが子の性格を「分かったつもり」になり、自身が放つ言葉の衝撃まで考えていない、それが親の慢心なのです。

子どもへの思いが高じた激励のつもりでも、深く心を傷つけてしまえば、それは心理的虐待となるのです。どの親でも、知らず知らずのうちに虐待をしてしまう可能性があることを忘れないことです。なかなか難しいことかもしれませんが、わが子に掛ける言葉を選び抜き、フォローを忘れないで下さいね。大人にとって何げない言葉だったとしても、そこに魔物が潜んでいるのですから。

何気ない言葉でも、深く心を傷つけることがある

言葉かけの工夫〈8〉
親を反面教師にしても…

今回は、私の父の子育てについて話そうと思います。

父のことを思い出す時、浮かぶのは「頑固、尊敬、短気、子ども思い」など、相対するキーワードです。教育熱心な半面、長男の私に強く重い期待をする父でした。これまで、思春期の子どもの不安定さと親への反抗心をお伝えしてきました。私自身も高校生くらいまでは父の敷いたレールの上を素直に歩きましたが、大学生になってから反発するようになりました。父親になった今では、当時の父の落胆や怒りがよく分かります。結局、実際にお互いの立場にならなければ、その気持ちは分からないのかもしれませんね。

父の長男優遇が苦痛だった私

長男への強い期待の半面、妹たちの扱いは軽く、あからさまに差別をすることがままありました。当時の妹たちは、きっと私のことを恨めしく思っていたでしょう。だからこそ私が子育てをする時は、決して長子とそれ以外で差別をしないと決めていました。長男と次男には、「長男だからこうしろ、次男だからこうしろ」と言ったことはありません。

次男の方がしゃきしゃきとした性格で、家族のことや家事に積極的に関わっていましたので、「それでいい」と静観していました。けれどある日、普段は何もしない長男が、「俺は腐っても長男だ」と立ち上がったので、とても驚きました。私は、自分が長男というレッテルを張られ、妹より優遇されることが苦痛でした。しかし、私の長男は、「自分が軽視されているのでは」とひがんでいたようです。**反面教師が、必ずしもうまくいくわけではない**ことを痛感しました。

考えてみれば当然です。どんなに似ていても、私と長男は違う人間なのですから。私の父は、お金に細かい人でしたが、逆に私は、お金にあまり執着がありません。これに対して、二人の息子はお金に律義な営業マンとして活躍しています。皮肉ではありますが、実に面白いですよね。確かに血はつながっているのに、細かい部分は全く違う人間なんですね。

みんな子どものために迷う

誰もが親の嫌な部分を反面教師にして、自分の「理想の親像」に近づこうとします。けれども結局のところ、反面教師にした先にも確実な答えはありません。祖父母も両親も、そして自分も子どものために迷い、悩んで進んでいくのです。

そう思うと少しほっとして、ついに苦笑してしまいますね。今、自分が存在し、子どもを育てるということ自体が、「どんなに苦しんでもトンネルはやがて抜けられる」ということの証拠になるはずです。

今さらながら、「お前は長男だから頼むぞ」という言葉かけを送っていれば、もっと長男としての意識が根付いていたかもしれないと後悔することもあります。長男としての自分自身の体験から、それを反面教師として生きてきた、子育ての糧にしてきたことが、果たしてどうだったのか考えさせられます。

「親のようにだけはならない」と努めても確実でない

言葉かけの工夫〈9〉
第三者でも「聴くこと」はできる

祖父母や教師など、子どもの周囲にいる親兄弟以外の第三者にとっても、「その子にどう接したらいいだろう？」などと、迷い悩むことはあると思います。今回は、第三者がどんなポジションから子育てに関わることができるのか一緒に考えてみましょう。

父親が大借金、貧乏とからかわれ

ある日、高校2年生の男の子が、多額の借金を負ってしまった父親のことで相談に来ました。突然の借金に家計は火の車で、男の子は楽しみにしていた修学旅行に行けなくなってしまいました。必死に働いている両親を思うと、「友達から理由を聞かれて何も答えられなくて辛くなる」というのです。

この子は、本当に優しく思いやりのある子なのです。親に恥をかかせると思って、「お金が無いから行けないんだ」とは言い出せません。「最近、腹の調子が良くなくてさ」とごまかすのだと、悲しそうにうつむいていました。それに対して、誰から聞いたのか、友達が「お前の家は貧乏だもんな」とからかうようになったのだそうです。友人と共有する話としては気まずくて「違う」と否定しても、詳しく説明できないので、周囲から苦笑されるばかりです。

男の子は、自分ではどうにもできない状況に耐えかね、私の所に吐き出しにやってきたのです。親や友人など周りの気持ちを汲み取りすぎる余り、自分の胸の内にため込んでしまったようでした。自分の辛さを人に渡しても楽になれない、そういう気持ちはよく分かります。

男の子のお父さんは、「お前たちには本当に申し訳ない。でも、また家族を幸せにできるように、母さんと一緒に頑張るからな」と、歯をくいしばりながら話していたそうです。男の子は、父の誠実な態度を見て、ますます周囲に辛い気持ちを吐き出せなくなっていました。それなら、私にできることは一つだけです。「経済的な支援はできないけど、あなたが卒業するまで見守り、支えていきたい」と伝えることでした。私がそう言うと、彼は涙ぐみながら嬉しそうに微笑んでくれました。

気持ちに寄り添う人がいれば

親兄弟以外の第三者ができることといっても、実は限られていますよね。この場合、根本的な原因は借金ですが、他人の手でどうこうできません。したがって、**「話を聴くこと」が、第三者にできる最大の支援なのです。**解決してやれない悔しさはありますが、「つらいなあ」「あなたの話を聴かせてほしい」「がんばっているなあ」「いつも見守っているぞ」と、子どもの気持ちに寄り添って受け止める人がいることも、悩む子どもたちにとっては「心の支え」になるはずです。

お父さんは、命を削って何とか借金の返済を終えましたが、過労がたたって心筋梗塞で亡くなってしまわれたそうです。無事高校を卒業して公務員になった男の子は、「家族の絆があったから乗り越えられた」と話していました。お父さんは、男の子がこれから自分の家族を守っていくために大切なことを残してくれたのかもしれません。

子どもの気持ちに寄り添って受け止める人に

言葉かけの工夫〈10〉子どもの自己評価を高める

今回の話題は、子どもの自己評価についてです。諸外国の子どもと比較し、**日本の子どもの自己評価が際立って低い**と言われています。自己評価が低いと、積極的に前に進むことができず、「自分のことが嫌い」と捉えるようになります。そんな子どもがとても多いことに驚きます。子どもの自己評価が低いことは残念ですが、実はチャンスでもあります。何かにチャレンジしようという意欲は、自己評価の高まりの中で出てくるからです。それでは、自己評価を高めるにはどうしたらいいのでしょうか。

言葉は池の底に堆積する小石

その前に、以前にも触れましたが、子どもを厳しく育てるのか、あるいは褒めて育てるのかについて考えてみましょう。しつけは時には厳しく、時には優しく、メリハリが必要ですが、それが行きすぎたり、方法が間違っていたりすると、子どもを深く傷つけてしまいます。**厳しさにも優しさにも、その根底に親や先生の温かくて強い愛情が必要**です。

激しい虐待でトラウマ（心的外傷）を抱えた子どもへの治療は、途方もない時間とエネルギーが必要になります。前進したかと思えば、後退することもあります。そうなってしまうと、**言葉という小石を池に投げても波間に消えていくばかりですが、見えない池の底には必ず小石が堆積していきます。**

自己評価を高める「魔法の言葉」

子どもの心に響き、自己評価を高める。そんな魔法の言葉なんてあるのでしょうか？特別な言葉はありませんが、子どもに関わる大人は、いくつかの魔法の言葉を備えておくことが大切です。**「ありがとう」は、ありふれた言葉のように思われがちですが、子どもの心に染み入る魔法の言葉の頂点**なんです。同様に、**「助かったよ」**とか、**「上手にできたね」などの魔法の言葉**なんです。

また、子どもとの会話の中で、**子どもが経験した感情に「うれしいね」「悲しいね」「つらいね」などと言葉をかけてあげる**ことで、子どもがその時の感情を意識化する「ラベリング」も大切です。そうすることで、**子どもは混乱していた心の中を整理できるようになり、前向きに頑張ろうとします。**周囲の大人は積極的に魔法の言葉をかけ、子どもの挑戦する気持ちを応援したいですね。

「ありがとう」、そして子の感情を言葉にして声かける

言葉かけの工夫〈11〉受験に失敗した子に

受験は新入生を選抜するための試験ですから、合格して飛び上がって喜ぶこともあれば、不合格に涙することもあります。今回は、人生初の試練に挑み終えた子どもたちにどんな言葉をかけるとよいか考えてみましょう。

不合格に「死ぬしかない」

合格できた子どもに対してならば、これまでの努力を惜しみなくほめ、一緒に成果を喜んであげたいですね。難しいのは、不合格だった子どもへの対応です。随分前のことですが、志望校への受験で惜しくも合格できなかった男の子が、一時行方をくらましてしまったことがありました。

ご両親が、大慌てで警察に捜索届けを出して探し回ったところ、この子は福井県の東尋坊で見つかりました。後から面談で聞くと、「絶対に行きたい高校だった。そこに行けなかったら大学も就職もダメかと思うと、**死ぬしかないと…」**と、うつろな表情でポツポツと話してくれました。

子どもにとって「不合格だった」という事実は、それほどまでに衝撃なのです。それでも生きていくためには、苦しい現実でも受け止めて立ち直っていってもらわねばなりません。ところが、深い喪失感と後悔にさいなまれている子どもに対して、残念ながら親が追い打ちをかけるような言葉を言い放つことがあります。**「もっと頑張れって、あれほど言ったのに」「自業自得やぞ」など、突き放す物言いは、叱咤《しった》激励《げきれい》のつもりでもお勧めできません。**

失敗の原因は追究しない

例えば、このような言い方はどうでしょうか。**「本当に辛いね。でも、あなたは最後までよく頑張ることができたと思うよ。近くで見てきたからよく分かるよ」と、まずはこれまでの努力を肯定するのです。努力が実らなかった原因がどこにあるのか追究する必要はありません。**

きっと子ども自身が一番分かっています。**親にできることは、不合格だからといっ**

て、それまでの全てが無駄になるわけではないということを示してあげることではないでしょうか。ああすればよかった、こうすればよかったと言っても、何も始まりません。

子どもが現実をしっかりと受け止め、前に進めるように押し出してあげるのが親の役目であると思われます。子どもにとって、心の区切りになるような「肯定の言葉」が大切なのです。わが子と一緒に受験へ挑んだ両親だって、子どもと同じくらい悲しく悔しいことでしょう。けれど、わが子のためにも動揺をグッとこらえて下さい。**思いつめなくても、まだまだ道はたくさん広がっている**のだと、親が持てる言葉を駆使して子どもに伝えてあげて下さいね。

まずはこれまでの努力を認めてあげて

言葉かけの工夫〈12〉
やる気が出ない子のために

子どもの頃、皆さんはどんな夢を持っていましたか?サッカー選手や探検家、デザイナーや花屋さんなど。幼少期の純粋な夢は、きっときらきら輝いていたことでしょうね。大人のように「現実的に可能か」なんて勘案せず、自由に夢想できたものですよね。今回は、やる気が出ずにしょげ返っている子どもが、きらきらと輝く瞳で夢を語り出すようになる言葉がけを紹介します。

小学5年生の男の子は、野球は大好きだけど勉強も運動もやる気が起きません。だらだらしてばかりの男の子を見かねたお父さんは、ある日**「例えば、お前がエンジェルスの大谷選手だったとしたら、やる気が出ない時どうする?」**と質問してみたそうです。男の子は少し考えて、「何か気分転換をしてみると思う」と答えました。しめたと思ったお父さんは、「そうか、気分転換をするとやる気が出てくるもんな」と、男の子の発言を繰り返してやりました。すると不思議なことに、その日から少しずつ男の子が何にでも積極的に取り組むようになっていったようです。

「もし〜だったら」で「できないブレーキ」外す

やる気を失っている子どもの多くは、「自分にはできないから仕方ない」と考えています。その状態を「できないブレーキ」がかかっているとしましょう。車ならブレーキが外れれば、前に進むことができますよね。同じように、**子どもの中でブレーキとなっている「できない自分」という視点を思考の外に追い出してやり、**そのうえで「こうやりたい」や「ああしたらいい」という意見を口に出させる質問をしてあげるのです。

このお父さんのように、子どもが憧れている選手を具体的なモデルにあげてもよいですし、「たとえば自分が何でもできるすごい人だったら」という問いでも大丈夫です。

「もし〜だったら」という質問の仕方だと、子どもはなぜか素直に「〜だと思う」と答えてくれます。ただ、「分からない」と繰り返すだけのこともあります。そんな時は、無理に答えさせるとストレスになってしまいますので、ご注意下さいね。

自分の願望を自覚することからやる気に

子どもがブレーキを外して、「例えば～」と語り出した答えは、意外と子どもも自身も自覚していない本音であることがあります。実際に口にして、それを耳で聞くことで、自分の強い願望なのだと気が付くことってありますね。**できないブレーキのせいで、見えなかった「夢」「希望」を子ども自身が自覚する**ことが、やる気につながるのではないでしょうか。

子どもは、自分の将来を描くキャンパスがまだ真っ白。これから描いていくのです。いわゆる「やる気のない子」は、もしかしたら白いキャンバスを前に、何を描こうか途方に暮れているだけなのかもしれませんよ。大人が少しだけ協力して、想像力を膨らませてあげたいものですね。

「もし～」なら答えやすい。本音の希望を自覚させる

言葉かけの工夫〈13〉
開かれた質問で、自力で答えを見つけさせる

5月の連休明けに不登校になる子どもたちがいます。4月に張り切りすぎてエネルギーを使い果たしたり、勉強に行き詰まったり、期待した新しい環境に馴染《なじ》めなかったりなど、背景はさまざまです。親子関係がうまくいかないことも、不登校の要因の一つに挙げられます。

「耳は二つで口は一つ。自分が言うことの2倍、人の話を聴くことが良い人間関係の秘訣《ひけつ》である」と指摘する人がいますが、実践するのはなかなか難しいですよね。家庭でも多くの親は、子どもの言い分を聞く前に、ついつい自分の言いたいことが口をついてしまいます。

親の口出し、子の力にならず

子どもに考えさせることを待ちきれずに、ついつい親が口出しをしてしまうことは

ないでしょうか。たとえ親のアドバイスが適切なもので、子どもがそれを素直に受け入れたとしても、子どもには自分で考え、自分で問題を解決する力はなかなか育ちません。親のアドバイスを受け入れるならまだしも、受け入れることなく反抗的になったり、口先だけ従ったふりをしたり、行動に移さないこともあります。

子どもは、「親は自分の仲間である」と感じなくなり、親子関係が少しずつ悪くなってしまうことがあります。このような状態では、子どもを勇気づけることからますます遠ざかってしまいます。

これまで、子育てというと「言葉がけ」を重視する傾向にありましたが、**「問いかけ」という視点から子どもに関わってみる**のもいいですね。

自力で考えることを勇気づける

例えば、事実関係を確かめるには「**どういうことがあったの？**」、考えを知るには「**あなたは、どう考えたの？**」、感情を尋ねるには「**あなたは、どう感じたの？**」と問いかけます。気持ちを把握するには「**あなたは、どうしたかったの？**」、結末の予測は「**そうすると、どうなると思う？**」、解決目標は「**これからどうなればいいと思う？**」などです。これらの質問は、「はい」や「いいえ」で答えられない「開かれた質問」になります。

開かれた質問は、子どもが自力で考え、自力でそれを言葉にすることを支援します。閉じた質問は、答えやすい利点はありますが、子どもの考える力や言語化する力を育てるという点が弱くなります。したがって、どうしても分かりにくい所をはっきりさせるとか、子どもの答えを聞いて、親が考えたことが正しいかどうかを確かめるためには、閉じた質問を使う方がいいかもしれません。

問いかけることで、子どもが自力で考えることを勇気づけ、さらにその答えを言葉にすることを勇気づけます。そのプロセスで子どもは自力で問題を分析し、自力で解決法を見つけるかもしれません。**親が答えを教えるよりも、子どもが自分で答えを見つけ出す方が理想です。親が口で言う2倍のことを子どもから聴く。**やってみる価値は十分ありますね。

子どもが自力で問題を分析し、解決法を見つけ出すことを支援する

言葉かけの工夫〈14〉
自分が悪いときは素直に謝る

中学2年生の女の子と母親の会話です。**「お父さんには言わないでと言ったのに。お母さんは、どうして約束を破るの！」と、すごい剣幕《けんまく》です。**すると、「別にいいじゃない、それくらいのことで」と、母親も逆ギレ状態で答えます。「それくらいのことだって。ちゃんと約束したでしょ。約束を守らないなんて最低！」

約束を守らない母に怒る娘

どうですか皆さん、こんなことはありませんか。「じゃあ、あんたはお母さんとの約束、いつも守っているの！」と応酬《おうしゅう》しました。女の子は、「なによ、それとこれとは別でしょ。いい加減にしてよ！」と**捨てゼリフを残して、家を飛び出していきました。**

こんな時、親としてどうしたらいいのでしょうか？そのまま放置しておきますか。それとも冷静に振り返ってみますか。このお母さんは、冷静に思い返してみたそうです。確かに「お父さんには言わないで」と娘と約束をしたこと、その約束を破ったことは事実であることに気づきます。

そこで、お母さんは娘を探しにいきました。心当たりがあるところを探してみましたが、見つかりませんでした。そこで、娘の部屋に携帯電話が見つからないので、ラインを送ってみました。

冷静に思い返し「ごめんなさい」

「さっきは本当にごめんね。お母さんは、確かにあなたとの大切な約束を破ってしまったわ。本当にごめんなさい。心当たりのところを探してみたけど、どうしても見つからなかったわ。心配だから早く帰ってきて」何と賢いお母さんなのでしょうか。

「お母さん、私の方こそごめんなさい。お母さんとの約束を平気で破っておきながら、お母さんが約束を破ったと言ってキレている。そんな自分が恥ずかしい。本当にごめんなさい」いかがですか、皆さん。言葉一つで、こんなにもお互いが素直になれるなんて不思議ですね。

親御さんの中には、自分が悪いと気づいていても、素直に子どもに謝らない方がいます。かつて私もそうだったと思います。結局、お互いに意地を張ったまま、時間だけが経過してしまいます。子どもを叱った後で、つい悔やんでしまうことがあります。**「子どもを傷つけたかもなあ」などと感じた時に、親の方が素直に謝れるかどうかが肝心です。そんな姿勢に子どもは何かを感じるようです。大人の誠実な対応にふれた時、子どもたちは一歩歩み寄って心を開くような気がします。**両親のどちらかが素直になれない場合は、もう一人が代弁して子どもに親の気持ちを伝える方法もありますよ。

意地の張り合いに気をつける

言葉かけの工夫〈15〉人一倍敏感な子ども（HSC）に

人一倍敏感な子どものことをHSC（Highly Sensitive Child）と言います。HSCについては、これまで「神経質な子」「変わった子」などと受け止められることが多かったのですが、近年、こうした子どもの研究が進んできました。こだわりが強いという共通点から、自閉症と勘違いされることが少なくありませんが、大きな違いは空気を読む力です。その場の空気を読むのが苦手な子どもが自閉症に多く見られますが、**空気を読みすぎて辛い思いをしているケースがHSCには多い**ということです。

深く考え、刺激受けやすい

HSCには、大きく4つの特質があります。一つ目は、**普通の子どもなら考えないことまで深く考えてしまう**ことです。初めて会った人や場所で行動を起こすのに時間がかかり、大人がするような深い質問をしたり、年齢の割に大人びたことを言ったりします。

二つ目は、**過剰に刺激を受けやすい**ことです。大きな音が苦手で、暑さや寒さ、自分に合わない靴、濡れた服やチクチクする服に文句を言い、実際に嫌がります。楽しいはずのイベントでも、すぐに疲れてぐったりしたり、興奮するようなことがあると、目がさえて眠れなくなったりもします。

三つ目は、**共感力が高く、感情の反応が強い**ことです。完璧主義なところがあり、ささいな間違いなどにも強く反応します。物事の一つ一つを深く感じ取り、涙もろく、人の心や空気を読むことに優れています。学校の友達や家族、初めて会った人でも、つらい思いをしている人の気持ちがよく分かります。

四つ目は、**細かな刺激を察知する**ことです。遠くの鳥の声や飛行機のエンジン音が聞こえたり、変わった臭いがすると近づくことができなかったりします。家具の配置が少し変わったり、置いてあった物がなくなったりすることのほか、人が自分を笑ったことや逆にちょっと励ましたことにも気づきます。

ひきこもりの中にも？

私がHSCに強い関心を持った理由は、これまで長年取り組んできた**不登校やひきこもりの子どもたちの中には、こうしたHSCに該当する子どもたちがいたのではな**いかと思ったからです。自閉症の子どもに似た部分はあるものの、「不登校の子どもにHSCがいるのでは？」という発想が出てきませんでした。

HSCは病気でも障がいでもありませんが、その特性から自己肯定感が低くなりやすい傾向があります。普通の子どもと違う感性を持っていることが多いので、そのぶん配慮が必要になることもあります。**少しの思いやりで、HSCは見違えるほど生きし、その才能を開花させることができる**と言われています。

HSCの子との具体的な関わり方

具体的な関わり方としては、次のことが挙げられます。まず、**子どもを信じること**です。本人が気付いていても、周囲の人間が気付いていないことがあります。感じたことや気付いたことに対して否定され続けると、周りに対する不信感が募るばかりです。

次に、**共感すること**です。子どもが、「服がチクチクする」などと不快な思いをしているとしたら、その気持ちを否定せず、共感してみます。自分の気持ちを分かってくれただけで、安心することができます。さらに、**気持ちを言葉にして返すこと**です。強い感情に圧倒されて、暴れたり、攻撃的になったりすることもあります。「断られて嫌だったんだね」などと、気持ちを言葉にして返してあげます。気持ちを言葉にできるようになると、かんしゃくや暴れることは減ってきます。

その子のペースを尊重し長所認める

大切なことは、**その子のペースを尊重すること**です。足並みをそろえようとする学校では、なかなか容易ではないことかもしれません。HSCは、言葉を出すのに時間がかかったり、深く考えるために行動を起こすのが人より遅れたりすることがあります。

そして、**長所を認めて自信を育てること**です。動物や植物の状態にもよく気付き、本を読んでも登場人物の気持ちをよく理解するので、大人顔負けの感想を述べることがあります。そんな長所を大いに認め、伸ばしてあげてください。

他人と比べられると、精神的圧力がかかり、うまくいかないことがあります。他人との競争に勝つよりも、自分の目標を設定し、それを目指すように努力することを伝えてください。

少しの配慮で生き生きとなり、才能を開花させる

第3章

親が思春期の子どもにしてしまうこと

思春期における親子のコミュニケーションを考える時に、親が不安になったり焦ったりして、ついついやりがちなことをイメージすると、より分かりやすくなると思われます。皆さんも、後で振り返ってみて後悔することがたくさんあろうかと思いますが、子育てなんてベターなことはあっても、ベストなものや絶対的なものなんてないのですから。何人かの子どもに同じことをやってみても、一人一人反応が違うことを体験されたことと思います。

親がやりがちなこと〈1〉兄弟姉妹を比較してしまう

あるご両親が、**「子どもが、突然家から出なくなりました。どうしらいいのか分かりません」**と言って相談に来られました。家から出ない理由を聞いても口をきかないし、なだめてもすかしても学校に行かないそうです。いったいどうしたのでしょう。

男の子は中学2年生。ご両親の話では、親の言うことをよく聞き、毎日登校する本当に「いい子」だったそうです。友人関係も良好のようでしたが、お母さんは動揺していました。高校受験までまだ1年ありますが、学校に行けないと成績に響くと心配しています。お母さんは、「上の子たちは、こんなことがなかったのに…」と嘆きますが、とても引っかかる言葉でした。

彼には、頭脳明晰、運動神経抜群の兄が二人います。二人は部活やテストの成績で両親の期待に上手に応えていました。兄二人に比べると、末っ子の彼はあまり成績が良くなかったようで、普段から**「お兄ちゃんたちは頑張っているんだから、もっと頑張りなさい」と激励していたそうです。

「どうせ俺なんて…」

後日、男の子に話を聞いてみました。すると、「最近、全くやる気が出ません」の一言。「そうか、全くやる気が出ないんだね」と相槌《あいづち》を打つと、**「うん、俺は親から期待されていないんだ。どうせ俺なんて…」**と、ポツリポツリと話し始めました。日々積み重ねられた「親の期待に応えられない」という劣等感が彼の自信を押し潰し、その結果、無気力になってしまったのです。

無気力状態の背景にあったのは、「兄弟との比較」と「否定的な言葉かけ」でした。

皆さんの中でも、兄弟姉妹のいる人は思い当たることはありませんか。大切な家族に認めてもらえていないと感じるのは、とても辛いことですね。子どもの心は、周りの大人の言葉を養分に、膨らんだり、しぼんだりして成長していきます。

よく観察し、長所を探す

家の中では、優秀な兄二人と比較されると、その子の長所が見えず、悪循環に陥ってしまいます。**いろんな角度からよく観察し、まずは「こういうところがステキだね」「ちゃんとあなたを見ているよ」と、子どもに寄り添ってみませんか。**男の子は、人を思いやる優しい性格で、友だちから好かれていました。

両親は、この子に否定的な言葉をかけてしまったことを素直に謝り、男の子の良いところを見つけては、「いいね！」と声をかけ続けて1カ月。男の子は、ケロッと「明日から学校に行こうかなあ」と言ったそうです。肯定的な言葉に込められた親の愛情はちゃんと届きます。焦らず信じてみましょう。

後日談ですが、そのお母さんから、「最近よく反発される」と不安げな相談を受けました。大丈夫です。これは、自分の感情や意見を表現できるようになったということです。成長の証《あかし》は喜ばしいですね。

親が、子どもに言い過ぎることはよくある話です。でも、普段からまっすぐ我が子の良さを言葉にして認めるようにすると、子どもは、安心してのびのび育ってくれるものですよ。

いろんな角度から子どもを評価しましょう

親がやりがちなこと〈2〉
つい子どもに迎合してしまう

最近の親子は、とても仲がよく、ケンカなどもせず、一緒にゲームや買い物をし、何でも話し合うようになってきているとのことです。親子の仲がいいのは、とてもいいことではありますが、度を超すのはいかがなものかと思います。親は子どもの友達や兄弟ではなく、あくまで親だからです。

親でなければ言えないこともあれば、親だからこそ厳しく叱らなければならないこともあるからです。**子どもに嫌われたくないために、つい子どもに迎合《げいごう》してしまうようなどということがあってはいけません。**思春期の子どもは、何が良くて、何が悪いのか、どこまで許されて、どこまで許されないのか、よく分からないことが多いからです。

窃盗、恐喝を繰り返す中3男子

今でも忘れられないケースがあります。ある日、中学3年生の男の子のお母さんが訪ねてきてくれました。顔を見てぎょっとしました。お母さんの顔は、全体的に腫れ上がっていたのです。「何だかお顔が腫れているみたいですが、どうされましたか？」と問いかけると、お母さんはボタボタと大粒の涙をこぼし、泣きだしてしまいました。瀬戸際でこらえていた苦しさが一気に決壊した瞬間でした。

お母さんによると、男の子は中学2年から深夜徘徊《はいかい》、喫煙、無断外泊をはじめ、3年生になると窃盗《せっとう》や恐喝《きょうかつ》行為にまで手を出すようになりました。それでもお母さんは、「息子は悪くない」とかばい続けてきたそうです。

「自分と向き合わない両親」への不満

このお母さんは、「父親がしっかりしないから」と言い切ります。確かに、お父さんはあまり積極的に子育てに関わらず、いつもお母さんが矢面《やおもて》に立っていたようです。けれど、それは息子の非行問題から少しずれているような気がしていました。後日の面談で男の子に事情を問うと、あふれ出たのは「自分と向き合わない両親」への大きな不満でした。

男の子は、**「これでもか」と非行で両親を試しましたが、「人のせいにする母親とオ**

ロオロして真剣に関わってこない父親は気づいてくれなかった」と言います。その怒りのまま、母親に暴力を振るうようになったそうです。お母さんの痛々しい顔を思い浮かべました。

「あなたは、どういうふうになれば、今の状況が変わると思う？」と男の子に聴いてみました。すると、「俺が悪いのは分かっているけど…」と前置きして、「母ちゃんが俺をかばうのはおかしい。父ちゃんは、俺を真剣に叱るべきだ」と静かに指摘しました。この言葉には驚きました。当人には、何が問題なのか分かっていたのです。

子どもの非行の背景には、「もっと自分を受け止めて、認めて」という切実な思いが隠れているのではないでしょうか。親の愛情を確かめようとしているように思えるのです。子どもは、心にある「親から大切に思われているのか」という不安から、わざと親が困る行動に出るのかもしれません。

子どもの気持ちを一身に受け止め

暴力があまりにもひどくて手が付けられないレベルになると、ある程度距離を取る必要があります。けれど、それはわが子から目をそらすということではありません。

親が子どもの気持ちを一身に受け止め、関わり続けることが大切だと思います。その後、男の子と家族はこれまでのことを真剣に話し合い、家族の関係をあらためて築き上げる努力を続けています。非行を繰り返すわが子と向き合うには、長い忍耐の時間が続くでしょう。それでも、目をそらさず子どもの手を力強く握っていて下さいね。

非行で親を困らせ、愛情を確かめている子も

親がやりがちなこと〈3〉
自分の夢を子どもに託す

親がかつて叶えられなかった夢、例えば入りたかった大学、憧れていた職業などが、知らず知らずのうちに子どもの目標になっていることがあります。親が自覚している場合も、そうでない場合もありますが、どちらの場合でも、親の気持ちの中に「あなたのために」という大義名分が潜んでいることがあります。親にとってベストなことが、必ずしも子どもにとってもベストであるとは限らないのです。当たり前のことですが、子どもの人生は子どものものです。

「いいことなんて一つもなかった」

ある母親が中学1年の息子から、「13年生きてきたけど、いいことなんか一つもなかった」という言葉をぶつけられました。このお母さんとの面談で、「私なりに精一杯努力してきたのに」と目を潤ませました。確かに可愛い息子のために、一生懸命尽くしてきたと自負する母親としては、とてもショッキングな言葉でした。

しかし、その努力というのは、親からの一方的な押し付けになっていないでしょうか。この言葉のキーポイントは、「息子にとって、いいこととは何か」ということです。親が子どものためを思い、言っていること、やっていることについて、子ども自身がどのように感じているか、その点をはっきりと理解してあげなければなりません。

自分で考えて自分で選ぶ

その後、この息子さんと面談する機会があり、「あなたにとって、いいことってどんなことかなあ?」と聞いてみました。すると、「親が何かにつけて指示してくるから、今まで素直に聞いてきたけど、何もいいことがなかった」と主張します。つまり、**息子さんにとっては、「自分で考えて自分で選ぶ」ということがいいこと**だったのです。たとえ最終的に良くない結果になっても、結果云々はこの子にとってさほど重要ではありません。

親は、往々にして「あなたのためよ」と考えます。しかし、もしかすると子どもからしてみれば、ありがた迷惑なのかもしれませんね。**大切なのは、子どものためを思**

う時こそ、「あなたはどうしたいの」と、子どもの意思を確認することです。そうすることで、子どもは「自分の意見を聞いてもらえた」という満足感が得られます。

大人から見て、その選択があまり良い方向に進まなさそうであれば、話し合えばよいのです。「あなたのためよ」と押し付けられた道を嫌々進むよりも、自信をもって自分の人生を歩めるのではないでしょうか。「じゃあ、お母さんのことが嫌いなのかな」と尋ねると、「嫌いじゃない。だけど、僕がどうしたいかを聞いてほしい」と、照れくさそうに話していました。

お母さんは、「この子は、人生の全てが嫌だったのか」とショックを受けたかもしれませんが、そうではないのです。現に、息子さんに「嬉しかったことは何？」と聞くと、家族旅行や、付きっきりで看病してもらえたことなどを指折り数えていました。大丈夫、日常的に愛情はちゃんと伝わっているんですよ。

一つずつ自分で経験させてみる

人生経験の違いで、子どもよりも大人の方が未来の見通しを立てた選択ができるのかもしれません。けれど、**先々親が子どもの前の落とし穴をふさいでまわっていたら、**

肝心の人生経験ができないですよね。まずは、子どもの言い分や気持ちを聴いてみましょう。そして、一つずつ自分で経験させてみるのです。ベストの道ではなく、ベターの道を親子で選び、一緒に歩んでいきたいところです。

「あなたのため」が一方的な押し付けになっていないか

親がやりがちなこと〈4〉どんなことでも褒めすぎる

昨今、子どもを褒めて育てることが主流となりつつあります。50代以上の方の中には、親に褒められた経験がないという人も少なくありません。極端な言い方をしますと、叱られて育ったと言っても過言ではない人もいます。そんな人に限って、叱られて当たり前と考えている人もいます。

子どもを褒めることはいいことだと思いますが、**いつでも、どんなことでも褒めまくっていると、いつしか子どもは自信過剰な人間になってしまいます。**根拠のない万能感を持った子どもは、社会に出てから現実とのギャップに苦しみます。自分の苦手なことやダメなことを受け入れることができずに、「ダメなのは自分ではなく、自分を分かってくれない周囲の人間だ」などと思い込むかもしれません。

確かに子どもの存在そのものや、生まれてきてくれたことについては、ありのままにたっぷりと愛してあげる必要があります。しかし、**ダメだと思うことについては、**

「何々することはよくない」「ここはこうだったらもっといいね」などと、はっきりと子どもに伝えるのも親の大切な務めと思われます。

ある剣道男子と厳しい父親

これまで、子どもの本音を引き出す話し方を幾つか例示してきました。どれも「きつく叱る」というより「優しく考えさせる」という方法だったかと思います。それでは、「優しく接するのが花丸で、厳しくするのはバツ」でしょうか。一緒に考えてみましょう。

中学1年生の男の子の事例をお話しします。男の子は、幼い頃から剣道一筋で、並々ならぬ努力をしていました。ですが、大会のたびに男の子のお父さんが観戦し、試合の後に必ず男の子の良くない点を指摘しては、厳しく叱りつけるのだそうです。お母さんによると、男の子はお父さんの余りの厳しさに毎回泣き崩れてしまうので、「こんなに頑張っているのにどうして」と、思わずもらい泣きしてしまうほどでした。

「あいつは骨がある。だから褒めない」

母親が「もっと褒めてやってよ」と父親にお願いすると、お父さんは、「あいつは俺に似て負けず嫌いだからこれでいい。泣きながら俺を睨みつけてくるのは悔しいからだ。なかなか骨があるだろ。だから褒めない」と言うのです。「息子がつぶれてしまうかも」と涙ながらに訴えるお母さんに、私は「それは本当に辛いですね。ところで、息子さんはお父さんのことを恨んでいるのでしょうか」と尋ねてみました。

すると、「父親のことを鬼だと言い、悔しいと泣くことはあっても、ふだんは不思議と恨んだ態度をとらないのですよ」と話していました。お父さんは、剣道以外では男の子を厳しく叱ることもないようです。これでよく分かりました。**この父子の間には、剣道への向上心が軸となった強い信頼関係がある**のです。だからこそ父は遠慮なく突き放し、子どもは厳しい叱責《しっせき》を恨まずに努力を続けるのでしょう。

「折れてしまわないように」と、添え木をしてやることは大切なことです。けれど、**優しさだけが愛情ではありません。**もちろん信頼関係があってのことですが、子どもの伸びしろを信じ、あえて褒めないということも愛情がこもったサポートなのです。

大会で優勝、「父に感謝」

2年後、大会で優勝したという男の子と話す機会がありました。「剣道について妥協しないお父さんをどう思う?」と私が聞くと、男の子は「確かに褒められたことはないけど、いつも褒められていたら、きっと甘えて優勝できなかったと思います。だから、父に感謝しています」と言って微笑みました。そして、「ぼくが優勝した時、父は物陰で号泣していたそうです」とこっそり教えてくれました。

共感して寄り添うことは大切です。でも、本人が問題を整理し、自ら改善に向けて行動するためには、**厳しい姿勢で「サポート役」に徹することも必要**なのです。「子どもが厳しい社会で生き抜くため、**どんな支援ができるだろう。今は優しさを差し出すか?厳しく背を押すか?**」などと、選択肢は絶えず頭に置いておきたいものです。

あえて褒めないのも愛情がこもったサポート

親がやりがちなこと〈5〉
表面的な正しさにこだわり、子を否定する

子どもに何か教える、アドバイスをする、注意をするなど、親は子どもに伝えることがたくさんあります。その際に、倫理的で道徳的なことも教える必要もあります。しかし、それらは必ずしも問題解決のための正しい選択だとは限りません。子どもには、本音と建て前、物事の優先順位、何よりも人の心や体を大切にすることが最優先であることを教えておきたいものです。

他人の目を気にする子が増加

長い間スクールカウンセラー（SC）をやっていますと、**「他人の視線が気になる」子どもが増えている気がします。**高1の男の子は、自分の外見がとても気になり、朝シャンをして念入りに髪をセットします。家族に見られると、「何見てんだよ！」と

威嚇《いかく》します。思春期の子どもは、とかく他人から自分がどう見られるかを気にするものです。したがって、髪型や服装などを気にするのは当然と言えますが、これも程度があります。そのことにとらわれすぎているようならば要注意です。

社交不安症の背景に自己肯定感の低さ

この男の子の場合、あまりにもこだわりすぎて、たびたび学校に遅刻するなど、親からは異常に見えました。そこで、母親が心配のあまり担任に相談し、担任はそのことも踏まえながら、遅刻のことで本人と面談をしました。すると、同級生たちの視線がとても気になり、髪型が納得いかないと、つい遅刻してしまうことが分かりました。そこで、担任がスクールカウンセラー（ＳＣ）に相談したところ、ＳＣから心療内科の受診を勧められました。

受診の結果、**社交不安症（対人恐怖症）であることが判明**しました。社交不安症は、自分が他人にどう見られるかを異常に気にするため、赤面、発汗、震えなどの症状が出て、最終的には引きこもりになる可能性がある病気です。成長するにつれ、たいてい症状は緩和していくようですが、中には大人になってからも悩み続ける人もいます。

こうした子どもの潜在意識には、「自分はどこかおかしい」「他人は信用できない」などの思いがあります。**その背景には、自己肯定感の低さ**があると思われます。

親から否定され続けていると

親から否定され続けてきた子どもは、いつの間にか「どうせ自分はダメな人間だから」と、自分に言い聞かせているところがあります。**「お前は人間のクズだ」など、人格を否定する言葉は、子どもに大きな心の傷を残してしまいます。子どもは、親が自分のエゴで否定しているのか、深い愛情があって否定しているのか、大人が考えている以上に敏感に感じ取っています。**甘いことばかりを言っていては、厳しい世間を渡っていくことができないという親心が子どもに伝わらず、お互いの気持ちがずれてしまうと不幸ですね。

これまでの私の経験では、社交不安症になる子どもの中には、小さい頃からの虐待、過度に厳しいしつけ、親の過干渉を受けているケースが少なくありませんでした。親は子どもを一生懸命育てているつもりでも、子どもが欲しい愛情や承認を表現できているとは限りません。もし、心当たりがあるようでしたら、今からでも遅くはありません。子どもの自己肯定感を高めるため、たくさん認めたり、褒めたりし、時にはさりげないスキンシップもお願いします。

人格を否定する言葉は大きな心の傷を残す

親がやりがちなこと〈6〉
子どものために自分を犠牲にする

親というのは、基本的には「自分のことよりも子どものために」と思うものです。

親が、「子どものために離婚できない」「子どもためにに嫌な仕事でも我慢している」などと思いながら暮らしていると、知らず知らずのうちに子どもに伝わります。

子どもは親に感謝しますが、それ以上に**「自分のせいで親が不幸になった」と罪悪感でいっぱいになります。**親自身も、自分の人生が幸せになるように行動してほしいものです。親が幸せそうに生きているだけで、子どもは安心し、救われます。

自分はボロを着ても子どもには良いものを

今回は、少し寄り道をして、私の母の話をしましょう。以前、私の父の子育てについて、ほんの少しですがお話をしました。私のような世代の方はご理解いただけるかと思いますが、一昔前は父親の存在感が大きく、そこにいるだけで何となく窮屈になるものでした。そんな家庭で、母は父を立てながら私たち兄妹を育てていました。今では家庭の形も様変わりしていますが、私が母から学んだ「変わらない大切なこと」をご紹介します。

子どもが生まれると、それまでの人生や価値観が一変するというお母さんがよくいます。趣味や美容にかけていたお金は、すべて子どもの衣服や将来の学費積み立てに注ぎ込むということは珍しくありません。私の母も、自分はボロを着ても子どもには良いものを着せたい、自分に学歴はなくても子どもにだけは少しでも学歴を身に付けさせたいという考えだったようです。

苦労した母を支えた祖母

一言で表すと、「忍従の苦労人」でしょうか。農家の長男である父に嫁いだ母は、祖父母や父の兄妹を含めた９人家族のお世話や、時には１００人近く訪れる来客のもてなしなど、毎日毎晩くたくたになるような状況でした。祖父が厳しい言葉を投げかけることも多々あり、私は誰もいない食堂で寂しく泣いている母の記憶が鮮明に残っています。加えて子育ての苦労が覆いかぶさり、心身共に疲労困憊《こんぱい》だったでしょう。

そんな母を心強く支えたのは母方の偉大な祖母でした。母が子どもを支えていたように、祖母が母を支える。そんな温かな情のつながりでした。

母が教えてくれた前向きな生き方

時代は移り変わり、今では核家族が主流。子育てに理解のある祖父母も多くいらっしゃいます。しかし、種類は違っても親の苦労はいつの時代も尽きません。そんな時、私は母が教えてくれたことを思い出します。**最後まで諦《あきら》めない不屈の精神、ご恩を忘れないこと、勤勉で誠実であることなどです。「何とかなる、大丈夫！」と考える前向きな生き方**です。それさえあれば、悩み立ち止まっても、たくましく我が子と一緒に歩んでいけるのではないでしょうか。

お母さん業は、お父さんたちが思うよりも複雑で、苦しみの多い道のりのはずです。私の母のように学歴がなくて悩む人もいれば、子どもに何をしてやれるだろうと無力感にさいなまれる人もいることでしょう。大丈夫ですよ。なぜなら、学歴がなくても前向きな母からたくさんのことを学び、今まで生きてきた私がいるから。

困難だからといって、自分の人生に否定的になっていってはいけないと思います。否定的な面ばかりではなく、よい面も見ながら前向きになる、そういう知恵が必要ですね。**何がなくても、子どもは親から「生きる知恵」を学び、強く育っていきます。**つらいことも悲しいこともありますが、子が育っていく喜びを胸に、また明日も前向きに生きていきましょう。

親が幸せそうに生きているだけで、子どもは救われる

親がやりがちなこと〈7〉
子どもを愚痴の聞き役にする

最近の幼児虐待や育児放棄などにみられるように、子どものことよりも、自分の欲求を優先してしまう未熟な親が増えているのでしょうか。そこまでいかなくても、思春期の子どもは扱いづらいという理由で、子どもの問題行動から目をそらすことはないでしょうか。

親というのは、いつでも子どもの問題に対応できるように、身構えている必要があります。そうしないと、すべてが後手後手にまわってしまって、気がついた時には大きな問題になっていることがあります。**子育てとは、自分の人生の時間の多くを子どもに分け与えることに他なりません。常に気を抜かず、子どもを見守り続ける必要があります。**

両親がケンカ、家事をしなくなった母親

以前に、中学3年の女の子から深刻な相談を受けたことがありました。女の子は、生活面でも学習面でも特に問題はなく、とても真面目な子でした。話を聴くと、最近両親がよくケンカをするので、とても困っているというのです。女の子は、両親と小学2年の妹の4人家族です。

相談のあった2カ月ほど前から両親のケンカが激しくなり、1カ月前あたりから母親の様子がおかしくなりました。朝になっても起きないで家事をせずに塞ぎこんだり、泣いたりしていることが多くなりました。そうなってからは、女の子が毎日のようにご飯を作り、妹の面倒をみるようになりました。

父親は、子どもがかわいそうだと思い母親に注意すると、またケンカになってしまいます。結局、父親は見て見ぬふりをしていました。こうなると、学校としては、このような状態を見過ごすことはできません。どのような対応をしたらいいのでしょうか。

母親は、女の子が帰宅すると父親の愚痴をこぼすばかりで、それを聞く女の子は心

が痛みました。ついに我慢ができなくなり、相談室に駆け込んできたのです。本人の了解を得て、担任の先生に伝えたところ、とても驚いて学校で話し合うことになりました。

娘が夫への不満の聞き役に

学校は、父親の了解を得て民生委員に相談しましたが、却《かえ》って話がこじれるばかりでした。そこで、スクールカウンセラーとして、本人との面談継続もさることながら、母親との面談を提案してみました。すると、何の抵抗もなく面談に応じてくれました。

母親と面談するや否や、次から次と父親の愚痴が飛び出してきました。どうやら父親は子育てに非協力的で、母親の子育てに批判的であることが分かりました。**母親は精神的にいっぱいになり、自分一人で抱えきれずにわが子に愚痴をこぼしていたのです。**誰かに話を聴いてほしかったけれど、それができず、娘が聞き役になっていたのですね。

母親の話や愚痴を十分聴いた後、やんわりと「もしお母さんが娘さんだったら、どんな気持ちになりますかねえ」と尋ねたところ、しばらく沈黙が続きました。沈黙の効果絶大でした。そして、何か胸をえぐられたように、**「娘のことまで考える余裕など全くありませんでした。なんとひどい母親なんでしょう」と泣き崩れてしまいました。**その後、娘さんに愚痴をこぼすことはなくなり、事態が好転していきました。

子供は親の愚痴を受け止めるほど成長していない

黙って愚痴を聴いてくれる子どもは、それを受け止めるほど成長していません。知らず知らずのうちに子どもの心を傷つけていることを頭の隅っこに入れるべきです。父親に直接言えるのがベストですが、言えなければ、実の母親や友人など、他の大人に相談することを考えてみて下さいね。

配偶者の愚痴は実の母親や友人などに

親がやりがちなこと〈8〉
子を溺愛する、反対に放任する

少子化の影響や親の精神性などもあり、子どもを大切にするか、もしくは放任するか、**両極端な親が増えている**ような気がします。子どもを大切にするのは、とても素晴らしいことですが、親が子どもを溺愛《できあい》するあまり、勉強や習いごと以外は何もできなくなる子どもにならないか心配です。

子どもを溺愛するのは、本当の愛情ではなく、もしかしたら親の自己満足であり、甘やかしかもしれません。甘やかされて育った子どもは、自分と向き合わずに、すぐに他人に責任転嫁する人間になってしまいます。**子どもを心から愛するのならば、子どもの能力を奪うのではなく、育《はぐく》むような関わり方をする必要があります。**

思春期に入ると、あれやこれやと手出し口出しをするわけにはいきませんが、親として教えなければならないことがたくさんあります。時にはしっかりと叱る必要もありますが、見守る時や叱る時の見極めは、けっこう難しいものです。何よりも大切な

ことは、**見守っている時も叱っている時も、どんな時でも子どもを心から愛している**
ことを忘れないことです。

寄り添う、向き合う、抱きしめる

親は、子どもの問題や状況に応じて、子どもとの適切な距離を見極め、ふさわしい関わり方をする必要があります。思春期の子どもとは、主に三つのスタンスで関わる必要があると考えます。一つ目は、**子どもを温かく見守りながら、そっと「寄り添う」**、二つ目は、**しっかりと対峙する「向き合う」**、三つめは、**子どもの心をしっかりと「抱きしめる」**です。

一つ目の「寄り添う」とは、大人になろうともがき、あがいている子どもから心を離さず、子どものチャレンジを温かく見守るということです。二つ目の「向き合う」とは、子どもの目の前に立ちはだかり、目を合わせ、教えたり、叱ったりしながら、親自身も子どもの問題に向き合うということです。三つ目の「抱きしめる」とは、理屈抜きで子どもの心や存在そのものをすっぽりと抱きしめてあげることです。

本物の感情と表向きの感情

中1の男の子のお母さんは、息子の感情に振り回されています。とかく攻撃的で、すぐにイラついたりしたかと思えば、小さなことで落ち込んだり。母親は、「その態度は何!それが親に向かって言う言葉!」などと、これまたすぐにキレてしまいがちです。そんなに攻撃されたり、傷つけられているわけでもないのに、ちょっとしたことですぐにキレたり、イライラしたりするのは、正当な怒りとは言えません。

たとえば、大人になってから怒りをコントロールできない人の潜在意識には、「分かってもらえない」という悲しみや「弱いと傷つけられる」というおびえが隠れているのかもしれません。この場合は、**悲しみやおびえが本物の感情であり、怒りは表向きの感情**なのでしょうか。

「男なのにメソメソするんじゃない!」などと、日常的に叱られていると、本当は悲しむべき時に怒るようになるという具合です。怖いのは、この表向きの感情は、親との関係性の中で形成されていくということです。**大切なのは、日頃から子どもの本物の感情をありのままに受け止めることです。「つらいよね」「腹が立つよね」「心配**

だね」「嬉しいね」などと、言葉や表情で共感を示してあげます。そうすることで、表向きの感情は少しずつ消失し、本物の感情を素直に表現するようになります。

適切な子との関わりで、本物の感情を受け止める

親がやりがちなこと〈9〉子どもに他人の悪口を聞かせる

最近では、お母さんと仲のよい男の子、学校であったことをお母さんに詳しく伝える思春期の子どもが増えているといいます。そして、日頃のストレスを子どもに吐き出すお母さんも少なくないとのこと。親子が本音で語り合えることは素晴らしいことですが、他人の悪口や批判は、誰かを傷つける可能性があるネガティブなメッセージになります。**たとえ親が他人の悪口を言っているつもりでも、子どもの心を痛めつけるようなメッセージを送っていることがあります。むしろ他人を褒めたり、評価したりすると、子どもにポジティブなメッセージを送ることにもなります。**

友達の悪口ばかり言う小6男子

小6の男の子が、友達の悪口をお母さんによく言うそうです。それが頻繁《ひんぱん》になってきたので、母親としてはどうしたものかと困り果て、相談に来られました。

もしかすると、この子は友達や先生から敬遠されているかもしれないと感じたので、お母さんに学校での様子を聞いてみました。すると、予想通り周りから敬遠されていることがわかりました。普段から他人の悪口を言うのが癖になっていると、自分では気を付けているつもりでも、それが自然と相手に伝わっているものです。そのことが、余計に友達関係をこじらせている原因になっている場合もあります。

親が悪口多いと、子どもも自然とそうなる

他人の悪口や批判が多い人の潜在意識には、「自分は損ばかりしている」「他人は信用できない」という思いはないでしょうか?親として気を付けなければいけないのは、**親自身が日ごろから誰かの悪口や批判、グチなどを言っていると、自然と子どももそうなる**ということです。

子どもが友達や先生の悪口を言った時は、まずいじめなどがないかを確認します。特に問題がなければ、「へえ、そうなんだ。だけど、どうしてその人がそんなことを言ったのかなあ」「その人のいいところはどこかなあ」などと、相手の立場や気持ちなど

を思いやれるように促《うなが》してみます。

親が子どもの気持ちに共感することは大切ですが、わが子へのほめ言葉を忘れず、他人や家族を褒めたり、認めたりすることも大切です。なかなか難しいことかもしれませんが、これだけでも子どもは変わっていくと思われます。

親の悪口の癖は、子に「伝染」する

親がやりがちなこと〈10〉反抗期のない子どもを見過ごしてしまう

ある母親から、「思春期の子どもの話をよく聞きますが、**高3の息子は、いわゆる反抗期と言われる時期が全くありません。大丈夫なのでしょうか？**」という相談を受けました。そこで、小学校と中学校、高校時代の様子を詳しく聞いてみました。

家の手伝いもよくする「いい子」

この子はとても優しくて、弟や妹の世話など、家の手伝いもよくして、反抗的な言動をとったことがほとんどないとのことでした。思春期といえば反抗期と重なることが多いわけですが、このように反抗的な言動がほとんど見られない子どものことを心配する親の複雑な気持ちも理解できます。

とても優しくて、弟や妹の世話をしたり、家のお手伝いもよくしたり、親に反抗的な言動も見られない男の子。一見、うらやましく思える子どもですが、母親には何か違和感があるようです。皆さんは、どのように感じたでしょうか。

ただでさえ勉強や部活などで忙しく、ストレスの多い思春期の男の子が、自分から積極的に手伝いをするのは、何かそれなりの背景があると思われます。反抗期のない子どもの話は時々耳にしますが、精神的な自立という点で大丈夫なのでしょうか？

この子は、空気を読みすぎるところがあり、学校でも友達や先生の顔色をよく見ているとのことです。担任は、この子が気疲れして潰れないかとても心配している様子です。母親は、そんな本人とじっくり話をしてみたようですが、今の自分に何の違和感もないとのことでした。

母親の話をさらによく聞いてみると、女手一つで子どもを育てたので経済的にとても苦しく、昼は普通に働き、夜はパートに出ることもありました。優しい長男は、そんな状況をみて育ったせいもあるのか、積極的にお手伝いをするようになりました。

セーブしきれなくなり爆発も

このケースは、厳しい家庭状況が背景にあったと思われます。しかし、**しっかりした手のかからない子どもは、親から見過ごされがちで、ある日突然不登校になったり、**

引きこもりになったりすることがあります。こんな時に、親はパニックになってしまい、右往左往してしまいます。

手のかからない子どもほど、自分をセーブして我慢することが続き、ついに**我慢しきれなくなって一気に爆発**することがあります。親にしてみれば、とても手がかからないので安心しきってしまうのです。何人か子どもがいると、**手のかかる子どもにエネルギーが注がれるため、手のかからない子どもが寂しい思いをしていることを忘れないでいただきたい**と思います。

親の敷いたレールを走ってきたが

空気を読みすぎて、ずっといい子できた子どもが、思春期に入って急に不登校などになるケースがある一方で、親から強く押さえられてきた子どもが、思春期に入って急に反抗する場合もあります。

また、親が子どもの幸せのためと思って敷いたレールの上を素直に走ってきた子どもが、思春期に入って、これが本当に自分がやりたいことなのかと自問自答し、**親の敷いたレールを否定して新しいレールを敷き直すこともあります。**親が子どものためと思って敷いたレールが、子どもにとって必ずしもフィットするものではないということです。

威圧的な親は、えてして子どもの思いも聞かずに自分の価値観を押しつけてしまいます。子どもは親に反抗したくても怖くてできないため、一見素直で従順に見えますが、その内面は決して穏やかではありません。思春期に入って、積もり積もった葛藤が一気に爆発する子どもがいます。**従順だった子どもが、思春期に入って急に価値観や考えの違いを主張することがあれば、親としてこれまでの子どもへの関わり方について振り返ってみる必要があります。**

親の価値観を押しつけてきていないか

第4章 思春期の子どもに育てたい力

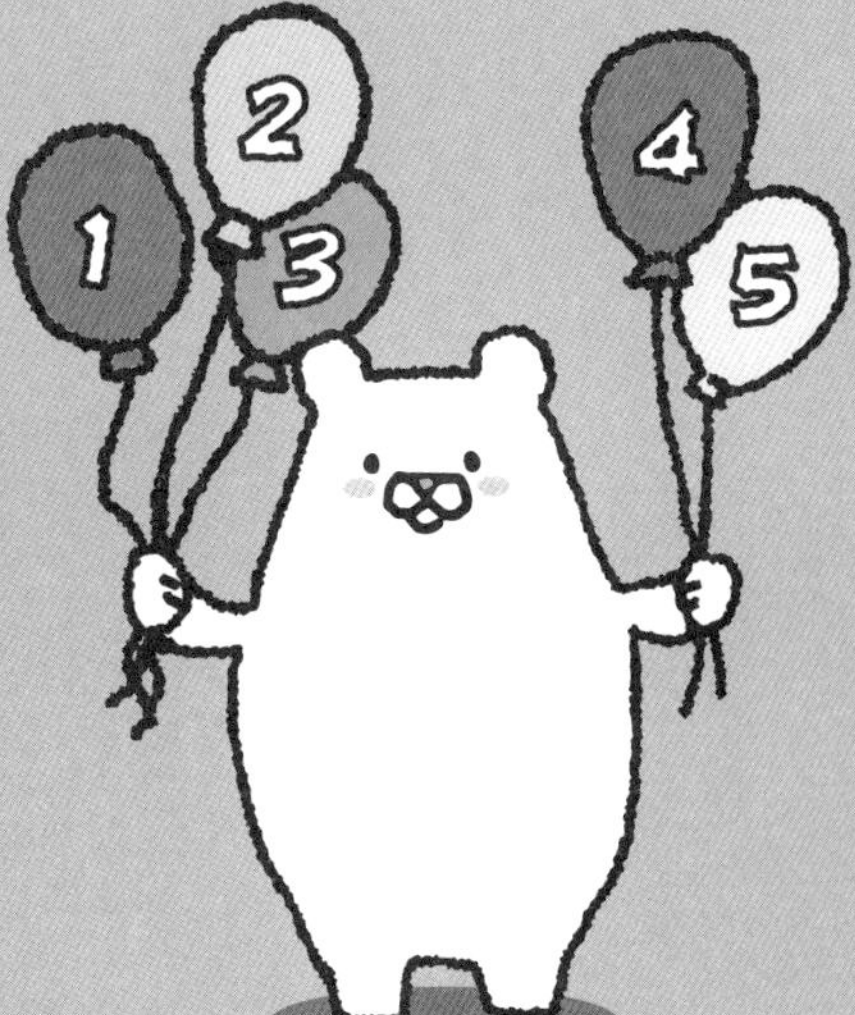

親として「子どもにはこういう力を育てたい」というものがいくつかあると思います。そうした力を育てるためにも、思春期における親子のコミュニケーションのありかたを考えることは大切です。たとえば頑張りすぎる子どもや自己肯定感が低い子どもなどには、自分のことを大切にする力を身に付けてもらいたいですね。

親の過干渉や過保護などが原因で、自分で考えて自分で決めることができない子どもがいます。子どもが選択・決断できないという現象だけをとらえて嘆く親がいますが、どうしてそのようになったのかを省察できないで、子どもだけを非難するのは筋違いといえます。親自身も含めて、何をどうするかを考える力を身に付けていただきたいと思います。

何かに失敗したり、人に傷つけられたり、前へ進めなくなったりした時には、挫折から立ち上がる力、柔軟性や打たれ強さが必要です。どんなに知識が豊富にあっても高学歴であっても、人とのコミュニケーションがうまくいかないと、その人の持ち味をうまく引き出すことができません。人とのコミュニケーションをうまく取れるようになるためにはどうしたらいいのか、親として子どもにできることを考える必要があります。

育てたい力〈1〉
自分を大切にする力

いくら高学歴を獲得し、いい職業に就いて経済的に豊かになったとしても、働きすぎて心や体を壊したら元も子もありません。また、家族や周囲の人たちとの関係が良好でなければ、真に成功し、幸せな人生を手に入れたとは言えません。

日本の自殺率は世界でも高いほうであり、男性の自殺率は女性のそれを毎年大きく上回っています。**それだけに子どもには自分を大切にする力を育んでおいてもらいたいものです。**

そのためには、子どもの悲しみや不安などの感情を親が受け止め、頑張りすぎず、休むことの大切さを子どもに教える必要があります。仕事は家庭を維持していくためにもちろん大切ですが、**親自身も体を大切にしたり、人生を楽しんだりしている姿を子どもに見せてあげてほしいと思います。**

傷つけられない女性になるための自己肯定感

思春期の女の子の心と体は、ガラス細工のように繊細で壊れやすいものです。**傷つかない、傷つけられない女性になるためには、心や体の守り方を教えておく必要があります。そのために必要なのが「自己肯定感」なのです。**自己肯定感とは、「自分には価値があり、心から愛され、かつ愛することができる存在であるという感覚」です。

この自己肯定感が低いと、自分も他人も信用することができず、人間関係でさまざまなトラブルを抱えることになりがちです。自分を大切にすることが苦手なので、知らず知らずのうちに**自らを傷つけるような行動を選択したり、自分を傷つけるような人を交際相手や友人に選んだりしています。**思春期の女の子が自分に自信がなく、すぐに「どうせ私なんて」などと口走るようならば、それは幼少期の親の関わり方が気になるところです。

親が変われば子どもも変わる

よく親御さんから、「思春期に入った娘が何だか自分に自信がなさそうで、幼少期の育て方が良くなかったのでしょうか？どんなアドバイスをしたらいいのか分かりません」という質問というか、嘆きみたいなことをお聞きすることがあります。ましてや子どもが全く予期せぬ不登校になったりすると、育て方が悪かったのではないかと自分を責めることがあります。

そこで、「子どもは、確かに小さければ小さいほど親の影響を受けやすいものですが、お母さん、安心して下さい。まだ手遅れではありませんよ」とお伝えします。仮に子どもが大きくなっていたとしても、親自身が変われば子どもも変わることが少なくありません。まず手始めに、「あなたが生まれた時、お父さんもお母さんも本当にうれしくてね。**あなたが生きていてくれること、それがお父さんもお母さんも本当に幸せなんだ**」と伝えて下さい。

例えば、親が「本当は男の子が欲しかった」などというメッセージや、父親が母親をバカにしたり、母親が女の子らしい振る舞いを嫌ったりなどのメッセージを送っていたとしたら、子どもは無意識に「大人の女性になりたくない」と思い込んでしまいます。**体が急激に女性らしく成長する思春期の女の子に必要なことは、親がその成長を認め、心から喜び、適切な処置や対応を教えてあげることです。**

母親が不満足だと「女は不幸」のメッセージに

特に母親からのメッセージは、女の子にとって「女としてどう生きるか」という教えになります。**母親自身が一人の女性として満足し、幸せに生きていなければ、女の子の潜在意識には、「女はつまらない、不幸になる存在」というメッセージとなって伝わります。**とは言うものの、親の姿を反面教師としてたくましく生きていく子どもたちがいることも事実なのです。

親が子どもの成長を認め、喜ぶことが大切

夏休みに「死にたい」を連発

私には忘れられない辛い思い出があります。私がまだ高校の教員をしていた頃のこと。夏休みの終わりに、ある親御さんから「緊急です」と相談が入りました。新学期が近づくごとに高校2年の男の子が食欲をなくしていき、やせ細っていくというので

す。胸にこびりつくような嫌な予感がしました。
その男の子は、部活も勉強も精力的にこなしていましたが、お盆過ぎから部活に行かなくなり、**部屋に引きこもるようになりました。そして、「死にたい」を連発するようになりました。**半面、お母さんが心配すると、「大丈夫だから、そっとしておいて」と、干渉を強く拒んでしまうのです。

若者は、ふと思い立って死んでしまうことも

子が「死にたい」と口にした時に、それが本気かどうか判断するのはとても難しいことです。**「口だけで本気じゃない」と思ってしまいがちです。**でも、**この年頃の子は、ふと思い立って死んでしまうことがあるのです。死ぬ理由や経緯を大人のように深く考えていないこともあります。だからこそ恐ろしいのです。**

今回のケースでは、事態を重く見た男の子の母親が、嫌がる本人を担任と一緒に説得し、私との面談にこぎつけました。黙り込みがちな男の子が話し出すのを辛抱強く待つと、「念願の高校に進学したけど、自分が何になりたいのか、何のために生きているのか分からない。こんな自分がつくづく嫌で死にたい」と語ってくれました。

裏に「生きたい」のメッセージ

「死にたい」という言葉には、その裏側に「生きたい」というメッセージが込められていると思います。常に振り子のように双方を気持ちが行ったり来たりしていて、彼はその不安を「死にたい」という言葉でSOSを出していました。私は、まず彼がサインを出し続けてくれていたことと、打ち明けてくれたことに「ありがとう」と伝えました。自分にしか分からない自己嫌悪を吐き出すのは、どれだけ勇気がいることだったでしょう。

彼は、どうやら本当に自殺するつもりで、いろいろと考えていたようです。間一髪でした。もしお母さんが相談に来なかったら、どうなっていたでしょうか。自殺を考える子どもたちの約7割は、何らかのサインを出していると言われます。ですが、このサインはとても分かりにくいのです。これが分かっていれば、今まで自殺していった多くの子どもの手を引くことができたはずです。

サインを見落とさず、粘り強く向き合う

説教臭いことは不要です。**サインを見落とさない努力と、「あなたと話したい、受け止めたい」と粘り強く向き合い続けることが大切です。**夏休み明けは、必ずといっていいほど子どもの自殺が報道されます。「死にたい」の一言に、「またアホなこと言っとるな」と受け流した時が、愛するわが子の最後のサインになるかもしれません。子どもたちの「声なき声」に耳を傾けて下さい。

「死にたい」の一言を受け流さないで

育てたい力〈2〉
自分をコントロールする力

やりたいのにできない、やりたくないのにやってしまう、このようなことが続くと自分で自分の人生をコントロールできない大人になってしまいます。たとえばタバコ、お酒、薬、仕事、運動などがコントロールできないと、健康や人生に支障をきたしてしまいます。感情も同じで、怒りや不安などをコントロールできないと、上司や部下、家族とも良好な関係を築きにくくなります。

しかしながら、思春期の子どもには、あまり口うるさく小言を言い続けるのも得策ではありません。したがって、**まずは親子の間でよく話し合い、ルールをしっかり決めて、それだけは守らせるようにします。あとは基本的には見守る形がベター**かと思われます。

中2の息子の生活が不規則に

ある母親から、こんな相談を受けました。**「最近、中2の息子が夜更《よふ》かしし、朝寝坊をして遅刻するようになりました。厳しく注意すると、すごい形相《ぎょうそう》で睨みつけてきます。**あんなにいい子だったのに、どうしたらいいでしょうか？」と、悲鳴に近い深刻な相談でした。

「お母さん、それは本当にお困りですね。きっと素直ないい息子さんだったのでしょうね。思春期に入ると急に気難しくなり、そんな息子さんとの関わり方に悩んでしまいますね」「そうなんですよ。主人に厳しく注意されると素直に謝ったりしますが、私にはどうしてあんなひどい態度をとるんでしょうかねえ？」と嘆きます。

心配な気持ち、真剣にぶつける

そこで、「お母さんの言うことを素直に受け入れてくれるかは保証できませんが、**一度お母さんの心配な気持ちを息子さんに真剣にぶつけてみてはいかがですか。**ただし、何回も言う必要はありません。担任の先生に注意されるから困るからとか、後片付けに困るからとか、お母さんの都合ではなくて、あくまでも息子さんのことが心配だからという気持ちを大切にして下さいね」と伝えました。

その後、お母さんは真剣に自分の気持ちを息子さんに伝えたところ、最初は睨みつけていましたが、少しずつ改善されたようです。扱いづらい年齢だからといって、**子どもの基本的生活リズムを放任しておくと、大人になってからも不節制な生活をしてしまいがちです。**結果として、毎日時間に追われる生活になり、やりたいのにできない、やりたくないのにやってしまうなど、自己制御のきかない人生を送ることになります。

ルール違反を放置するとルーズな大人に

幼かった頃とは違い、思春期ともなると、男の子は親に縛られることを嫌うようになります。実際には束縛ではなく、教育的アドバイスであったとしても、親の言うことに反発することが正義なのかもしれません。帰宅が遅くなったり、何回言ってもお風呂に入らなかったり、こんな感じで次々と生活が不規則になります。もう小さな子どもではないので、ある程度は大目にみても大丈夫ですが、最低限のルールは押さえておく必要があります。

思春期の男の子が反抗的な態度をとるのは当然のことですが、最低限の約束や家庭のルールを守らないことは別です。思春期だから何をしても許されるというわけではありません。家庭のルールや約束を守らないことを放置しておくと、社会人になっても時間や約束、規則を守れない、だらしない大人になりかねません。**思春期の男の子は、距離を置いて見守るくらいがちょうどいいのですが、決して放任してはいけないと思います。スマホの使い方、絶対に使ってはいけない言葉、許されない態度、お金の使い方、家庭での役割などです。**

最低限のルールを決め、距離をおいて見守る

育てたい力〈3〉
失敗した時、どうするか考える力

人生は、山あり谷あり、デコボコ道かもしれません。したがって、つまずいたり、穴に落ちたりすることなど沢山あると思います。大切なのは、その時にどうするかを考える力があるかどうかです。失敗したり、落ち込んだりした時に、どうするかを考え、自分が望む方向に向かうための選択肢を複数持てるかどうかによって生き方は違ってきます。そのためには、**日常の小さなことならば、あえて子どもに決めさせること、そして自分で決めたことに責任を持たせることが大切です。**

「娘が友だちに利用されている」

ある父親から、「**中1の娘はおとなしいせいか、友だちに利用されているようで、疲れて学校を休む時があります。**そんな娘を見ていると、私の中学生時代と重なって無性に腹が立つなど、何だか複雑な気持ちになります。母親も私もどうしたらいいか困っています」という相談を受けました。

さて、皆さんでしたらどうされるでしょうか？そんな娘さんに腹が立って説教される人もいるでしょうし、娘さんを利用する友だちの親に文句を言う人もいるかと思います。この父親には、娘さんと同じ経験があるということでしたので、「娘さんをどのように思っていますか？」と尋ねてみました。

すると、「自分に似てかわいそうだ」と答え、それで負い目みたいなものを感じて困っているとのことでした。一方、母親はどのように接しているのか尋ねてみると、嫌だとはっきり友だちに伝えるようにと話していますが、なかなかそうもできないとのことでした。二人とも頭を抱えている様子です。

まずは子どもの気持ちをよく聴く

そこで、「お父さんは、中学生時代につらい思いをされたようですが、どのように乗り越えたのでしょうか？」と聞いてみました。すると、「私の親父はとても短気だったので、私の気持ちを聴いたうえで、すぐに学校へ行き、解決できました」と答えました。その後、長い沈黙が続き、「**そうか、私も娘の気持ちをしっかり聴いて、学校**

に相談に行ってみようと思います。余計なことをすると、ますます娘は心を閉ざしてしまうのではないかとびびっていました」と、何かひらめいたような感じでした。その後、父親の素早い対応により、娘さんが友だちに振り回されることはなくなりました。このケースは成功例ですが、子どもが親に余計なことをしてほしくないと言った場合、どうしたらいいでしょうか？本当は子どもが自分で解決できれば理想的ですが、**何か困ったことがあった時にいつでも力になりたいと、日頃から子どもに伝えておくことが大切です。**

小さなことでも子どもに選ばせる

子どもが人間関係などで行き詰った時、苦しみながらも自分で解決できたら喜ばしいことです。しかし、現実にはうまくいかないことが多いものです。とりわけ、人間関係の問題解決に必要な力がソーシャル・スキルです。これは、トレーニングすることで身についていきます。

しかし、それを使う勇気が必要です。友だちに振り回される子どもの潜在意識には、「自分は何も決める能力がないから、誰かに頼ったらいい」という思いがあります。

このような傾向がある時、**小さなことでも子どもに選ばせる工夫、日頃から子どもの気持ちを聴く工夫が期待されます。**

小さなことなら子どもに決めさせ、責任を持たせる

育てたい力〈4〉挫折から立ち上がる力

人生は決して平坦な道ではありません。つまずいたり穴に落ちたりなど、多くの試練が付きものです。その時に、再び自分の力で立ち上がり歩き出せる力があることが、とても大切です。どんなに強くたくましい子どもでも、折れてしまったらそれでおしまいです。そのためには柔軟性が必要であり、その**柔軟性を身につけるためには、考える力と失敗を恐れない打たれ強さが必要です。失敗することによって、子どもは成功する方法を学びます。**

長らく不登校・ひきこもりの問題に関わり、たくさんの親子を支援してきましたが、不登校に悩む子どもや家族は、どうしても焦りや不安から暗い雰囲気になってしまいがちです。そんな中で、お母さんが家族を照らす太陽になってくれることが多々あります。

身に覚えのない万引きを疑われ不登校に

ある中学2年の男の子と、そのお母さんのお話をしましょう。男の子は、5月の大型連休明けから不登校になり、食事すら家族と一緒にとらなくなりました。無理に話をしようとすると「みんな大嫌いだ！」と取り乱し、反発しては引きこもるばかりでした。

お母さんと面談をした際に、事情を教えてくれました。男の子が部活の仲間と一緒に本を買いに行った時、**万引きの疑いで補導されてしまったのだそうです。もちろん本人は、そんなことをした覚えはなく、「違う！」と主張しました。**けれども、バッグに本が入っていたことは事実。なぜかは分からなかったものの、それを否定できなかったのです。

本屋さんから呼ばれて両親が駆け付けた際に、この子は泣きながら何度も万引きを否定していたそうです。お母さんは、**「この子は、絶対に万引きをするような子ではありません」**とかばいましたが、彼のバッグに本が入っていたことを言われれば、それ以上どうすることもできません。男の子は、結局、店長や父親から厳しく追及されて万引きを認めなければならなくなってしまいました。男の子は、それから学校へ行けなくなったそうです。

それでも、お母さんは暗くなったり、男の子を疑ったりせず、**「お母さんは、どんなことがあってもあなたを信じているから」**と、そばで励まし続けました。人間不信になり、穏やかな顔つきがげっそりと一変してしまっても、お母さんは寄り添う姿勢を変えませんでした。「この子は、一体どれだけ悔しかっただろう」と考えて悲しみ、苦しむ日もあったはずです。それでも離ればなれになりかけた家族をつなぎ止め、周囲に人を寄せ付けなくなった男の子の手を握り続けたのです。

「母さんだけが信じてくれたから」

結局、真犯人は別にいて、その子の自白で男の子は無罪放免となりました。だからといって癒える傷ではありません。しかし、何とか登校できるようになった時、彼が私に言った**「自殺しようと思ったこともあった。けど、母さんだけがずっとぼくを信じ続けてくれたから」**という言葉は、今も忘れられません。

思わぬ不幸や人の悪意がわが子を襲い、一瞬にして家族の絆を裂くこともあります。

すぐに効果があるわけではなくても、**子どもは、親がかけてくれた言葉や態度の温かさ、明るさを忘れません。必ず自分で立ち上がる力になりますよ。**辛く悲しい時こそ、お母さんやお父さんには、家族にもう一度信頼の灯りをともしてほしいですね。

親の言葉の温かさが、再び自分の力で立ち上がる力に

育てたい力〈5〉
自己肯定感とコミュニケーション力

人生で成功するのか、それとも失敗するのか、それとも平凡な人生を送るのか、それを決めるのは、コミュニケーション力の有無にかかっていると言っても過言ではありません。なぜなら、人を上に持ち上げてくれるのも人ならば、足を引っ張るのも人だからです。

上司にかわいがられ、部下に慕われ、友人に信頼され、家族に愛される、こんな人ならば、人生で成功するに決まっています。そのためには、人の心や立場を思いやれる共感力と想像力、そして思いやりを示せる表現力が必要となります。「もしも、こんな時、あなたなら何て言うかなあ」などと子どもに問いかけたり、親の気持ちを素直に伝えたりして、子どもとコミュニケーションをとって下さい。

認めてもらいたいと迷走、退部繰り返す

高校に入学して以来、**人間関係でトラブルを起こして4つの部活を退部している女の子**から相談を受けたことがあります。面談室に来た女の子は、他の生徒から無視されたことや、チームメイトと仲良くできずに結果を出せなかった不満をぶつけるように語ります。「もう死にたい」「人に会いたくない」「私が全部悪いんだ」と、強く自己嫌悪の言葉を発し、精神的に追い詰められているようでした。

周囲の同級生にそっと聞くと、**部活で良い結果を出せばみんなに自慢し、逆に良くない結果になると意気消沈して、友達を冷たく避けてしまう**といった感情の起伏が大きいところがあるようでした。その感情に振り回された友人は、女の子を避けるようになってしまいます。すると女の子は、自分の自信を持ち直すため、また迷走するという悪循環のなかで、彼女は苦しんでいました。

低い自己肯定感、〝できる自分〟の証拠が欲しい

もともと感情の起伏が激しい子どももいますが、彼女の場合は少し違うようでした。

試しに「そんなに辛かったんだね。お母さんやお父さんには相談しなかったのかな」と聞くと、「甘えたくないです。甘えたら、ちゃんとできてないと思われるかもしれない」とうつむいてしまいました。女の子は、自己肯定感がとても低かったのです。だから、**「ちゃんとした自分でなければ人から愛されない」と無意識に考えていた**のでしょう。他の人に認めてもらいたいという欲求が高じて、「ちゃんとできている自分」の証拠が欲しかったのです。

近頃の子どもたちは、自分で自分の存在価値を認める感覚「自己肯定感」**が低いといわれています。このため、他の誰かに認められて心の隙間を埋めたいという「承認欲求」を強く表現する子どもは少なくありません。ところが、認めて欲しいばかりに自分勝手な言動をとってしまい、喧嘩やいじめなどの人間関係のトラブルにつながることもあります。**つまり、自己肯定感の低さは、コミュニケーション力の障害になってしまうのです。

繰り返し「どんなあなたでも愛する」と

自己肯定感は、無条件に受け入れられ、甘えられる体験で養われます。だから「〇〇ができたから、えらいね」と事柄を褒めるだけでは、自己肯定感は育《はぐく》めないかもしれません。**「どんなあなたでも、親にとってはかけがえのない存在で、あなたを愛しているからね」と、幼少期から親が何回も何回も伝えることが大切**だと思います。

　これが足りないと、「良い子でなければ愛されないかもしれない」という一種の強迫観念を根付かせてしまうと考えられるのです。大人でも、誰かに自分の努力を認めて欲しいと思うことがありますね。子ども時代は、その思いが強いのです。自信をもって自分の足で歩ける大人になるためには、たっぷりと「無条件の愛情」を浴びることが大切です。

自己肯定感は「無条件の愛情」を浴びる体験で養われる

あとがき

　平成30年4月からスタートした「実践親子塾」は、本年3月で連載丸2年となります。正直なところ、ここまで続くとは思ってもいませんでした。北國新聞社文化部のスタッフや読者の皆様の温かいご支援により、ここまで続けることができました。紙面をお借りしてお礼申し上げます。思春期における親子のコミュニケーションについて、さまざまな親子の会話を通して考えてみました。いじめを苦にした子どもの自殺は、大きな社会問題となりました。そのような問題を考える時に、親子のコミュニケーションの大切さを痛感します。

　親も学校も、あの時、もう少し子どもが出している言葉にならないサインに気づいていたら、もう少し子どもとコミュニケーションをとっていたならなど、深刻な事態になって初めて気づくことがあります。しかし、思春期の子どもの対応には難しいものがあり、親を敬遠する傾向があります。そのことが、親子のコミュニケーションをより難しくしていると言っても過言ではありません。本書は、そうした思春期における親子のコミュニケーションに役立つものであると信じております。

【引用・参考文献】

○北國新聞朝刊生活・文化欄「高賢一の実践親子塾」（二〇一八年四月〜二〇二〇年一月まで）
○菅原裕子著「思春期の子どもの心のコーチング」（ＰＨＰ文庫）
○菅原裕子著「十代の子どもの心のコーチング」（ＰＨＰ文庫）
○菅原裕子著「子どものやる気のコーチング」（ＰＨＰ文庫）
○菅原裕子著「子どもの才能を引き出すコーチング」（ＰＨＰ文庫）
○明橋大二著「子育てハッピーアドバイス①」（一万年堂出版）
○明橋大二著「十代からの子育てハッピーアドバイス」（一万年堂出版）
○小﨑恭弘著「思春期の男子の育て方」（すばる舎）
○高賢一著「不登校を乗り越えるために」（北國新聞社出版局）

高　賢一（たか・けんいち）

昭和28年（1953）年、石川県輪島市生まれ。金沢大学法文学部専攻科修了、上越教育大学大学院教育学研究科修了。石川県内の公立中学校、公立高校教諭として奉職後、石川県教育センター指導主事、県立教育支援センター（適応指導教室）の主任指導員、不登校と向き合う親の学習会（やすらぎの会）のアドバイザーなどを歴任し、不登校・いじめ問題などに積極的に取り組んでいる。

13年間奉職した金沢星稜大学を定年退職後、現在は金沢学院大学特任教授、学校心理士スーパーバイザー、ガイダンスカウンセラー、日本学校教育相談学会石川支部理事長。金沢大学、県立看護大学、県総合看護学校、北陸大学、北陸学院大学などの非常勤講師を歴任。10年間にわたって公立中学校・公立高校のスクールカウンセラーを歴任。不登校に関する論文・講演会多数。

平成22年に、「いじめ・不登校問題等と向き合って」という論文テーマで、第26回暁烏敏賞を受賞。著書として、「不登校だっていいじゃないか」（アントレックス社）、「不登校を乗り越えるために」（北國新聞社出版局）などがある。白山市在住。

思春期の子どもとどう接するか
～大切な親子コミュニケーション～

2020（令和２）年５月25日　第１版 第１刷

著　者　高　賢一

発　売　北國新聞社 出版局

〒920–8588
石川県金沢市南町２番１号
TEL 076–260–3587（出版局）
FAX 076–260–3423

ISBN978-4-8330-2204-0